4·16구술증언록 단원고 2학년 4반 제11권

그날을 말하다

경빈 엄마 전인숙

이 도서의 국립중앙도서관 출판예정도서목록(CIP)은 서지정보유통지원시스템 홈페이지(http://seoji.nl.go.kr)와
국가자료공동목록시스템(http://www.nl.go.kr/kolisnet)에서 이용하실 수 있습니다.
CIP제어번호: CIP2019009499

4·16구술증언록 단원고 2학년 4반 제11권

그날을 말하다

경빈 엄마 전인숙

4·16기억저장소 기획 편집
(사) 4·16세월호참사가족협의회 지원 협조

일러두기

1. 음절로 식별 가능한 소리를 들리는 대로 전사하는 것을 원칙으로 한다.

2. 의미를 파악하기 위해 추가 설명이 필요할 경우 [ ]로 표시한다.

3. 몸짓, 어조 등 비언어적 행위는 ( )로 표시한다.

4. 구술자가 말을 잇지 못해 말줄임표를 사용하는 경우 ……, …로 길고 짧음을 표시한다.

5. 비공개 영역은 〈비공개〉로 표시한다.

6. 비공개해야 하는 희생자 형제자매의 이름은 ○○, △△ 등의 도형기호로, 생존자의 이름은 A, B, C 등 알파
   벳 대문자로 표시한다.

7. 비공개해야 하는 제3자는 직분이나 소속, 성만 공개하고, 이름은 ××로 표시한다. 비공개해야 하는 숫자는
   자릿수에 상관없이 □로 표시하며, 지명은 □□로 표시한다.

책머리에

　4·16기억저장소에서는 세월호 참사 5주기를 맞아 구술증언 수집 사업의 결과물 일부를 100권의 책으로 발간하게 되었습니다. 이 사업은 2015년 6월부터 다양한 학문 분야 구술 연구자들의 자발적인 참여로 진행되어 왔으며, 세월호 참사를 좀 더 정확하고 다각적으로 기록하고 기억하고자 하는 노력의 일환으로 수행되었습니다.

　2014년 참사 발생 이후, 참사 피해자들의 목격담과 경험은 안타깝게도 공식적인 국가기관과 언론의 기록 속에서 철저히 소외되거나 왜곡되었습니다. 그것은 세월호 참사가 우리에게 안긴 죽음과 고통의 충격만큼이나 우리 사회의 끔찍한 비극이었습니다. 따라서 사업을 진행하면서 세월호 참사 희생자 가족, 생존자, 생존자 가족, 어민, 잠수사, 활동가, 기자 등등, 참사의 초기 과정을 직접 경험한 분들의 증언을 우선적으로 수집했습니다. 구술자는 이 사업의 취

지와 방식에 개인적으로 동의한 분 중에서 선정했으며, 참여 과정에 어떠한 금전적 보상이나 이익이 제공되지 않았습니다. 또한 구술증언 수집 사업을 진행하는 동안, 면담자는 연구자이자 참사를 겪은 공동체 시민으로서 최대한 윤리적이고자 노력했습니다.

구술자마다 매회 약 2시간씩 3회를 원칙으로 음성 녹취와 영상 촬영을 하는 방식으로 진행되었고, 증언의 일관성을 확보하기 위해 면담자는 큰 틀에서 공통 질문지를 사용했습니다. 공통 질문지의 내용은 참사와 구술자 간의 관계성에 따라 차이가 있지만, 유가족 구술의 경우 1회차 '참사 이전의 삶, 팽목항과 진도에서의 경험, 자녀에 대한 기억'을, 2회차 '참사 이후 투쟁과 공동체 활동 경험'을, 3회차 '참사 이후 개인 및 가족이 경험한 삶의 변화와 깨달음, 자녀의 현재적 의미'를 중심으로 했습니다. 이처럼 증언 내용은 참사 이전에서 시작해 참사 발생 당시의 경험과 이후의 변화 과정까지 폭넓게 수집했고, 면담자는 구술 채록 과정에서 구술자의 발화를 최대한 존중하고자 했으며, 무엇보다 각자의 특수한 경험과 다른 시각을 충실히 반영하고자 했습니다.

이 구술증언록의 발간을 위해, 채록된 음성 자료는 문서로 변환해 구술자와 함께 검토했고, 현재 시점에서 공개할 수 있는 영역과 할 수 없는 영역으로 구별했습니다. 따라서 책에 실린 내용은 모두 구술자로부터 공개를 허락받은 부분입니다. 비공개 영역은 추후 구술자의 동의를 받아 적절한 절차를 거쳐 추가로 공개될 수 있으리라 생각합니다.

이 구술증언록 100권에는 그동안 우리 사회에 왜곡되어 알려지거나 잘 알려지지 않았던, 참사 발생 직후 팽목항과 진도 혹은 바다에서의 초기 상황에 관한 중요한 증언이 포함되어 있습니다. 또한, 자녀를 잃는 잔인하고 애통한 상황을 겪으면서도 그 누구보다 강인한 정치적 주체로 성장할 수밖에 없었던 유가족의 마음과 경험을 구체적으로, 그리고 여러 각도에서 살펴볼 수 있습니다. 그 외에도, 이 구술증언록은 2014년을 전후한 한국 사회의 여러 측면을 드러내는 귀중한 자료가 되리라고 생각합니다. 무엇보다 국내외의 많은 분이 이 책을 읽어, 장차 세월호 참사의 진상 규명과 역사 서술에 기여할 수 있기를 바랍니다.

구술증언 수집 사업이 진행되고, 책으로 출간되기까지 많은 분의 도움과 지지가 있었습니다. 이 지면을 빌려 부족하나마 감사의 말씀을 전하고자 합니다.

먼저 (사)4·16세월호참사가족협의회와 4·16기억저장소에 감사를 드립니다. 이분들의 신뢰와 적극적인 협조가 없었다면, 이 사업은 처음부터 시작할 수조차 없었을 것입니다. 또한 어려운 정치 환경 속에서도 사업의 취지에 공감해 재정 지원을 결정해 준 아름다운가게와 역사문제연구소에 감사드립니다. 두 단체 덕분에, 이 사업을 4년 동안 계속해 올 수 있었습니다. 그리고 구술증언록 100권의 발간에 동의하고, 바쁜 일정에도 출판 실무를 기꺼이 맡아주신 한울엠플러스(주)에도 감사를 드립니다. 이 외에도 많은 개인과 단체가 직간접적으로 많은 도움을 주시고 격려해 주셨습니다. 여기

책머리에

에 모두 밝히지 못하는 것을 죄송하게 생각합니다.

　말할 필요도 없이, 가장 크고 또 가슴 아픈 감사는 구술자 한 분 한 분께 드리고자 합니다. 이 책이 발간될 수 있었던 것은, 무엇보다 용기를 내어 아픔과 고통의 기억을 다시 떠올리고 장시간 진심으로 이야기를 해주신 구술자가 있었기 때문입니다. 오랜 시간 이야기를 나누며 함께 공감하기도 했지만, 그 아픔과 고통을 어떻게 가늠할 수 있을까 싶습니다. 더 큰 도움이 되지 못함을 안타까워하며, 이 구술증언록 100권의 발간이 피해자분들에게 조금이라도 위로가 될 수 있기를 기원합니다.

2019년 4월

4·16기억저장소 구술팀 책임자
서울대학교 인류학과 교수 이현정

차례

■ 3회차 ■

경빈 엄마 전인숙

구술자 전인숙은 단원고 2학년 4반 고 임경빈의 엄마다. 1남 1녀 중 맏이인 경빈이는 타고난 운동신경으로 태권도를 잘했고, 또 주말이면 축구장과 농구장, PC방으로 친구들과 우르르 몰려다닐 만큼 친구들을 좋아했다. 법 잘 지키고 세금 잘 내면 되는 줄 알던 엄마는 참사 이후 뼈아픈 깨달음 속에서 반 대표와 분과장을 맡으며 씩씩하고 용감하게 진상 규명을 위해 나아가고 있다.

전인숙의 구술 면담은 2017년 1월 19일, 2월 2일, 8일, 3회에 걸쳐 총 6시간 20분 동안 진행되었다. 면담자는 유은주, 촬영자는 김솔이었다.

구술자 본인의 프라이버시나 제3자의 프라이버시를 보호해야 할 부분을 제외하고는 구술자의 발화를 있는 그대로 전사했다.

1회차

2017년 1월 19일

1
시작 인사말

면담자   본 구술증언은 4·16 사건에 대한 참여자들의 경험과 기억을 기록으로 남김으로써, 이후 진상 규명 및 역사 기술에 기여하고자 합니다. 지금부터 전인숙 씨의 증언을 시작하겠습니다. 오늘은 2017년 1월 19일이며, 장소는 안산시 정부합동분향소 내 불교방입니다. 면담자는 유은주이며, 촬영자는 김솔입니다.

2
구술 참여 동기

면담자   제가 이제 지난번 전화로 말씀드렸듯이 오늘 1차 증언은 4·16 이전까지 어머니가 살아오신 이야기를 해주시고, 그다음에 4·16 이후에 경빈이를 보내기까지가 1차 인터뷰가 될 거예요. 먼저, 이번 구술증언에 참여하게 된 동기는 어떻게 되세요?

경빈 엄마   (웃음) 아, 거의 권유이지 않나요? (웃음) 작년 7월인가 8월 달에 제의를 받았던 거 같아요. 일정이 너무 많다 보니까 자꾸 미뤄지고 미뤄지고 하다 보니까 결국 못 하다가 올해 다시 얘기가 나와서 다시 시간을 냈는데, 지금도 굉장히 저희가 바쁘잖아요. 지금 21일 날 총회도 있고, 정신이 없는 그런 상황인데 약속을 잡아놓고 나니까 그렇게 되어서… 창원하고 기자회견도 있고 오늘 일정이 굉장히 많았어요. 근데 미리 약속을 잡아놨기 때문에….

면담자　　　네네, 이 구술증언이 어떤 목적으로, 어떻게 사용되기를 원하서요?

경빈 엄마　　　아무래도 이제 저희가 지금 세월호 참사라는 것이 기록으로 남아야 되는, 그리고 절대적으로 이러한 참사는 또 일어나지 말아야 되는, 그런 역할의 다리를 좀 해줬으면 좋겠다는 것. 그리고 지금 250명의 우리 아이들과 304명의 희생된 우리 희생자들을 절대 잊지 않았으면 하는 바람에서, 지금 그런 마음으로 하는 거 같아요.

면담자　　　여러 일들을 맡아서 하시고, 지금도 대외분과 활동도 하고 계시고. 최근에 청문회, 동거차도 인양 현장에도 가보시고, 또 민중 집회도 줄곧 있고 그런데, 계속 참여를 하고 있으시잖아요? 민중 집회 참석하신 소감은 어떠서요?

경빈 엄마　　　소감이라기보다는… 저희가 아무것도 모르는 상태에서 언론만 봤을 때는 언론에서 늘 하는 얘기가, 빨갱이란 말도 스스럼없이 나왔잖아요. '야, 저 사람들은 도대체 뭘 위해서 저렇게 나가서 싸울까?' [했는데] 이제는 그런 일을 겪는 [그런] 사람들 중에 한 명이 되었어요. 아무것도 모르고, 그냥 언론에서 나오는 것만 다 믿고 그렇게 살다가 제가 직접 나가보니까. '아, 정말 세상을 바꾸기 위해서, 그리고 아픈 사람들하고 피해자인 사람들의 아픔을 알고 함께 하려고 하는 사람들[이] 그렇게 함께 나와서 하는 거다'라는 것을 이제야 느끼면서 그런 마음으로 함께 나가는 거 같아요. 그리고 역시 우리 또한 우리의 일이 있잖아요.

그래서 저희는 정말, 그냥 그런 거 같아요. 저희가 많은 지식을 가지고 싸우는 것도 아니고, 그냥 무식한 엄마더래도 정말 아이들을 위해서… 예전에는 굉장히 낯설었지만, 지금은 투쟁이라는 단어가 그냥 익숙할 정도로, 그렇게 가서 투쟁을 외치고 그랬었는데…. 그런 걸로[우리가 하는 활동들로] 인해서 '아이들의 억울하고 고귀한 희생을 제대로 잡아나가자'. 그걸 위해 저희가 진상 규명을 끊임없이 해나가는 거잖아요. 이렇게까지 외치고 이렇게까지 싸우고 있는데도 안 밝혀지는 게 정말… 그 억울함 있잖아요. 그런 마음을 안고 가고 있는데, 굉장히 힘들더라구요.

지금 2년 8개월 됐는데, 짧다면 짧고 길다면 길잖아요. 그 기간 동안 이렇게 싸우면서 '참 힘들구나, 힘들다'라는 걸 느끼는데… 아이들을 위해서 우리가 가잖아요. 그러면서 느끼는 점은 '야, 저 많은 사람들은 이 긴 기간 동안을 끊임없이 이렇게 와서 투쟁을 하고 있잖아요[있구나]' 그러면서 아, 좀 부끄러운 마음, 그런 마음도 있고. '아, 대단하다. 어떻게 한결같이 이렇게 하고 있을까', 되게 위대해 보이고… 제대로 된 나라를 만들기 위해서 저렇게 싸우고 있는 사람들이 위대해 보일 정도로… 그런 마음이 막 생기더라구요.

면담자   한편으로는 지난 2년 8개월 동안 광장에서 힘을 얻었다는 것이겠네요.

경빈 엄마   네.

면담자   그동안 이 사회의 정의와 민주화를 위해 싸워왔던 사람들과 함께 한다는 그런 뿌듯함도 있고 그러시겠네요.

경빈 엄마   우리가 지금 세월호 참사 진상 규명을 해도 여기서 멈출 수 있는 게 아니고, 진짜 앞으로 끊임없이 계속 도전을 해야 한다는 것을 이제 느끼면서 살고 있는 거 같아요.

3
4·16 이전의 삶

면담자   4·16 이전의 삶에 대해서 여쭤보겠습니다. 고향은 어디서요?

경빈 엄마   충청북도 청주라 그래야 되나요, 보은 쪽에 가까운데.

면담자   아, 그쪽이세요. 몇 남 몇 녀 중에 몇째셨어요?

경빈 엄마   많아요, 11남매 중에서 여덟 번째.

면담자   딸 부잣집이었어요?

경빈 엄마   아니요, 6남 5녀예요.

면담자   아, 그러세요? 부모님은 어떤 분이셨어요?

경빈 엄마   음, 아버지는 전쟁 중에 피난을 내려오셨다고 그래야 하나요? 강원도 쪽에서. 그다음 충청도에서 지금 자리를 잡고 그렇게 사시는 분인데…. 엄마 쪽은, 엄마 쪽도 그렇게 환경이 부유하게 사는 집이 아니어서 아버지랑 결혼할 때도 그냥 가서 잘 살라고… 아버지가 딱 혼자였었잖아요. 그래서 '가면 좀 잘살 거다'라는 그런… 어떻게 이렇게 할머니로 인해서 연결이 된 거 같아요. 얘기를 들어보면….

면담자   아버지는 홀홀단신 내려오신 분이고.

경빈 엄마   네, 내려오시면서 할머니랑 큰아버지랑 다 잃어버리신 그런 상황이에요. 그니까 돌아가신 줄도 모르고… 오면서 형이라는 분, 큰아버지잖아요. 내려오시다가 잃어버려서… 아버지를 어느 집에 두시고 "형을 찾아올 테니까 기다려라" 하고 그렇게 가셨는데 그 뒤로 안 오시고….

면담자   가족들이 다?

경빈 엄마   네. 그래서 혼자 내려오셔서 아버지는 외롭게 사는 그런 상황이었고요. 그래서 엄마를 만나서, '내가 이렇게 외롭게 살았기 때문에 자식들은 많이 낳아야 되겠다' [하고 생각하셔서] 그렇게 낳다 보니까…. 근데 피난 중에 그렇게 내려오신 상황이었고 그러다 보니까 좀 힘들잖아요, 시골에서. 그런 상황에서 11남매를 낳았으니 얼마나 힘들겠어요. 그래서 주위에서 좋은 집 있으니까 딸을 좀 보내라 이런 얘기도 오고 그랬었는데, "안 보낸다고. 아, 나는 굶는 한이 있어도 다 데리고 살겠다" 그래서… 이제 자식들을 꼭 끼고 그럴 정도로 키우셨는데… 술을 참 좋아하세요, 사람도 좋아하고…. 그렇게 어렵게 살면서도 막 친구들 데려오시고, 그리고 이제 "집에서 술장사를 한다"고 그러는데 술을 좋아하시니까 팔 술도 없는 거예요. 그럴 정도로 사람을 좋아하시긴 하셨는데….

그러다 보니까 자식들이 거의 제 위에 언니 오빠들은 거의 못 배우다시피 그렇게 하시고, 인제 공부를 좀 한다 하면 거의 스스로 나와서 돈을 벌어가면서 공부를 해야 하는 상황이었던 거예요. 그래서 제가 알기로는 위로 아마 언니 두 분이 고등학교 졸업 그렇게 하고, 저 같은 경우는 중학교 3학년 때부터 나와서 돈을 벌어서 공부를 해가지고 제가 전문대 졸업까지 했어요. 그리고 바로 안산으로 올라와서, 그렇게 해서 돈을 벌어가면서 방도 얻고 그러면서 지금의 신랑을 만나서 경빈이를 낳고 그러면서 살았죠.

면담자   아, 그러셨구나. 그러면 안산에 올라오신 건 몇 살 때였어요? 전문대를 졸업하셨으면 한 19, 20살?

경빈 엄마   네, 대학교 2학년 때. 학비를 벌기 위해서 아르바이트를 시작해 가지고 먼저 올라왔었던 거 같아요, 여름방학부터.

면담자   여기 안산을요?

경빈 엄마   네, 언니가 있어서.

면담자   아, 이미 언니들이 안산서 일을 하고 지냈구요?

경빈 엄마   언니 한 분이 결혼을 해서 형부랑 안산에 살고 있었

경빈 엄마 전인숙

거든요.

면담자　　　그래서 아르바이트를 하러 안산에 오셨다가 졸업하면서 여기에 눌러앉게 된 거예요?

경빈 엄마　　졸업하면서가 아니고 그냥 집에 있다가 직장을 알아보는 단계에서, 그 '배운 게 도둑질'이라고 그래야 하나요? 그렇게 하면서 일을 그냥 안산에서 시작했는데 언니가 소개를 했고요. 그리고 그때만 해도 저희 그 나이대에 대학교를 졸업하고 그런 상황이면 다른 사람들보다 이제 월급 차원에서도 조금 차이가 있더라구요. 그래서 시골에 있다가 취직이 됐다 그래 가지고 바로 올라와서, 그때부터 안산에서 살게 됐어요.

면담자　　　아, 그때가 몇 년도예요?

경빈 엄마　　그때가 한 95년, 96년 정도 된 거 같아요.

면담자　　　그래요? 그때는 어떤 직종에서 일을 하셨어요?

경빈 엄마　　섬유직종 이런 데서 검사하는 거 있잖아요.

면담자　　　검수? 제품 검수?

경빈 엄마　　네네, 그 일을 했죠.

면담자　　　아, 그래요? 그러다가 언니 소개로 지금 경빈이 아빠를 만난 거예요?

경빈 엄마　　아니요, 그런 일을 하다가 경빈이 아빠 같은 경우는 회사에서 그냥 지나치고 농담하고 그러면[서]….

면담자   같은 회사에?

경빈 엄마   네. 아이, 저 사람이(웃음).

면담자   썸? 요즘 말로 썸을 타려고 좀 집적대는 거죠?(웃음)

경빈 엄마   무슨 마음으로 와서 농담을 하고 가는지도 모르겠고, 처음에는…. 예(웃음), 이상형이 아니었다고 그래야 하나요? 너무 솔직하고 그런가?(웃음) 그래서 처음에 저희가 가면 시댁에서도 얘기를 하다 보면 "정말 나는 이상했어요"라고 얘기를 해요. 도대체 무슨 마음으로 와서 농담을 하는 거 같은데 농담 같지도 않고, 그리고 막 약간 껄렁껄렁하고 그렇게 봤었는데…. 아무래도 계기가 된 게 저희가 시댁 어른을 만났었거든요. 시어머니랑 이렇게 만났었는데 '아, 해도 되겠구나' 그런 생각을 한 거예요.

면담자   그렇게 얼굴을 서로 좀 몇 번 보고, 특별히 데이트를 하시고 시부모까지 만나게 된 거예요? 그게 한 얼마 정도 기간이 된 거 같아요?

경빈 엄마   모르겠어요, 한 2년인가 된 거 같은데, 다리 수술을 하러 병원에 들어간 거예요, 경빈이 아빠가. 그러면서 병문안도 가고. 그리고 어머님을 거기서 뵙게 된 거죠, 병원에서. 같이 얘기도, 이런 얘기도….

면담자   '이런 가정이라면 좋겠구나' 하신 거예요?

경빈 엄마 전인숙

경빈 엄마   그러면서 '아, 참 부모님은 좋으시구나', 응응(웃음).

면담자   시어머니 선을 먼저 보시고 남편에 대해서 다시 생
각하고 결혼까지⋯(웃음), 이렇게 된 거예요? 그래서 몇 년도에 결
혼을 하신 거예요?

경빈 엄마   경빈이가 97년생인데요. 그때 아버님 회갑도 있고
그래서, 결혼은 98년도에 했던 거 같아요.

면담자   그러면 같이 사신 거는 한 96년부터 같이 생활을 하
셨구요?

경빈 엄마   네.

면담자   그랬구나. 남편도 그럼 같은 회사에서 같은 직종에
서 일을 하셨던 것이구요? 남편은 안산 분이세요?

경빈 엄마   아니요. 전라도 분인데요, 안양으로 이사를 와서⋯.
남편 같은 경우에는, 안산에서 직장을 다니면서부터 안산에 방을
얻어서 따로 살고 있었던 거 같구요, 그리고 시댁 어르신들은 안양
에서 살고 계시고.

면담자   그러면 경빈이 어머니는 4·16 이전까지도 계속 그
직장을 다니셨어요? 결혼하시고는 어떻게 하셨어요?

경빈 엄마   아니요. 결혼하면서 제가 집에서, 부업이라는 것을
많이 하잖아요.

면담자   아, 그러면 결혼하면서 직장은 그만두게 된 거예요?

경빈 엄마   네네. 그렇게 하고, 그해 결혼하면서 직장은 그만두고, 경빈이를 낳고 혼자서 벌면서 애기 키우기는 되게 힘들더라구요. 그래서 안 되겠다 싶어서 경빈이 낳고 한 1년인가를 같이 이렇게 지내다가, 2살 때부터 이모 집에서 경빈이는 있고 맞벌이를 한 거예요. 그대로 저는 검사직에 다시 또 복귀를 했다가 제가 이제 그만두고.

　　그리고 처음에 아이를 데리고 이사를 다니다 보니까 전세에서 전세로 이사를 가야 하잖아요. 아이를 데리고 전세로 이사를 가야 하다 보니까 힘들더라구요. 그래서 아빠한테 얘기하기를 아이를 먼저 낳는 게 문제가 아니고… 저는 그렇더라구요. 아이들한테 살 수 있는, 살기 좋은 환경을 만들어주는 게 좋겠다 싶어서 집을, "우리 집을 하나를 마련을 해놓고 둘째를 낳는 게 좋겠다" 그렇게 얘기를 하고 "그럼 그러자", 시댁에다가는 "왜 둘째를 안 낳냐?"고 자꾸 얘기를 하면 "임신이 안 되네요"(웃음) 그렇게 하면서, 거짓말을 하면서. 돈을 벌면서, 경빈이랑[는] 이모랑 살면서 저희가 가까운 곳으로 이사를 가면서, 그 집을 사서 갔어요, 저희가.

면담자   이모 집 근처로?

경빈 엄마   네, 근처로. 자주 봐야 하니까. 근데 저희가 이제 주간, 야간이 아빠랑 틀려지다 보니까, 바뀌다 보니까 애기를 보러 가야 하는데, 주말 외에는 보러 가기가 너무 힘든 거예요. 근데 주말에 경빈이를 보고 왔는데, 그때가 아마 세 살인가 그렇게 됐는데, 밤에 일을 들어가는데 너무 보고 싶은 거예요. 그냥 갑자기. 그래서 도저히 일을 하다가…. 일을 들어갔는데, 들어가서 1시간 정도 지났을까 아빠한테 전화를 한 거예요.

전화를 해가지고 아, 말을 못 하고 계속 수화기를 들고 있으니까 "왜 그러냐?"고 "무슨 일 있냐?"고 이렇게 하길래…. 아니, 아무 일은 없는데 계속 울먹울먹거리고 그러니까 "왜 그러냐?"고, "이대로는 못 다닐 거 같다"고, "도저히 보고 싶어서 이대로는 못 다닐 거 같다"고 얘기를 했더니, "아 그래?" [하더라구요]. 근데 경빈이 아빠 같은 경우도 한 번 회사를 들어가면 거의 '내가 아니면 안 된다' [하는] 직업병이라고 하잖아요. '내가 아니면 안 된다'는 생각을 많이 하는…. 직장에서는 최고의 직원일지는 모르겠지만 집에서는 완전 빵점인 아빠잖아요. 그런 식으로 직장에 올인을 한다 할까요? 그럴 정도로. 그래서 말을 안 하고 그렇게 있다가 말을 하니까, "아, 그래? 그럼 내가 한번 해보겠다"[고 해요]. 그 이전에도 한, 두 번인가 세 번을 얘기했는데도…. 얘기를 안 하고 있다가 그날 그렇게 제가 너무 힘들어하니까, 조를 맞춰서 조를 이렇게 바꿔가지고…. 그때부터 다시 자주 보러 가고 이러면서 다시 직장생활을 했던 거 같은데요.

그러면서 저희 딸이 경빈이랑 □년 터울이에요. 그렇게 하다가 제가 직장을 그만두면서 둘째를 갖게 됐는데…, 그러면서 집에서 부업을 하고. 동생이 그 영업을 해요. 근데 영업을 하는 단계는 누군가를 데려와서 시험도 보고 이렇게 같이 데리고 와야 하잖아요. 도움이 됐으면 하는 게 있어서 같이 가서 시험도 봐주고 막 이러다가…, 아이도 봐가면서 일도 해가면서 시험 준비를 해가면서…. 시험을 보다 보니까 그냥 두기에는 조금 억울하고 그러다 보니까 제가 이제 '아, 영업도 좀 해봐야 되겠다' 그러면서 시작을 한 게 아마 2009년인가? 2010년 돼서 영업을 시작했던 거 같아요.

면담자   보험 쪽 하셨죠?

경빈 엄마   네, 네. 그래서 그때부터 영업을….

면담자   그럼 2014년 4월 16일도 여전히 보험 일을 하시는 그런 상황이었던 거네요. 그죠?

경빈 엄마   네.

4
태권소년 경빈이

면담자   경빈이는 어떤 아이였어요?

경빈 엄마   그냥 경빈이가 얘기했던, 그런 활발한 아이인 거 같아요, 그 성격이…. 아빠도 친구들을 좋아하고 엄마도 [친구를] 좋아하는 그런…(웃음) 그런 엄마, 아빠 밑에서 태어나다 보니까 참 아이들을 좋아한 거 같아요, 친구들을. 그냥 엄마하고 아빠하고 이

모, 이모부하고 해서 주말에는 산을 참 잘 올라가요. 그리고 낚시
도 가고… 이렇게 주말마다 다니는 걸 참 좋아하는데, "친구들과
약속이 있다"고 그러니까[그래서] "어, 그래? 그러면 차라리 오전에
일찍 산에 올라가서 점심을 먹고 저녁에 친구들이랑 시간을 보내
는 건 어떻겠느냐?" 그랬는데 흔쾌히 "아, 그럼 그러자"고. 그러면
서 늘 갔다 오면… 와동에 친구들 집이 다 거기, 거기, 거기예요.
다 근방에 많아요. 그러다 보니까 산에 갔다 내려오면서 "밥 먹자"
그러면 친구 집이 김밥집을 하다 보니까, 제가 어디 가서 사 오라
그러면 이모부한테 쓱 가서 "이모부, 제 친구가 저 근처, 저 위서
김밥집을 하는데 거기서 사 오면 안 될까요?" 그러면 "아, 당연히
거기서 사 와야지" 그러면 친구 집 가서 김밥을 사 와서 먹고.

   그러고 나서 친구들하고 놀러 나가고 이제 시간마다 그런 게
있더라구요. 몇 시부터 몇 시까지 농구를 하거나 축구를 하거나 이
렇게 시간이 짜여져 있으면, 또 이렇게 다시 어떤 그룹 친구들과
PC방을 간다거나 그게 있더라구요. 평일 날은 선부동에 있는 친구
들과 또 시간을 잡아서 끝나고 농구를 하러 가고… 잔디구장이 있
어요, 와동 그 뒤편에. 그쪽까지 가면서 그렇게 다니고, 화랑유원
지 거기도 가고. 고등학교 때 주말이면 축구도 하고. "운동 이런
것, 움직이는 걸 굉장히 싫어한다"고 들었거든요. 얼마 전 축구를
하는데 "골키퍼를 해요" [하길래] "왜?" 그랬더니, "저는 뛰고 움직이
는 게 싫어서 골키퍼를 해요" 그러더라구요(웃음). 그러면서도 운
동을 하는 게 저는 신기한 거예요.

아침에 학교 갈 때도 보면 아이들이 전화를 해서 같이 간다고, 보면 복도에서 쭉 기다리고 있다가 나가면 가고⋯ 저도 일찍 가는 [출근하는] 날에는 [경빈이가] 친구 집에 기다렸다가 가고, 그렇게 아이들끼리 몰려다니는데⋯. 솔직히 저희가 그렇게 다니는 거는 알고는 있지만, 누구랑 다니는지는 모르잖아요. 그래서 그때 당시만 해도, 마음에 두고 있는 여자 친구가 있었다고 하는데 본인이 얘기를 안 하니까 누군지도 모르고. 그리고 친구들과 그렇게 어울려 다니면서도 사진 찍고 그러는 걸 굉장히 싫어해요. 누구랑 그렇게 어울려 다녔는지도 모르고 이러다 보니까 조금 답답한 면은 있죠. 조금 더 많이 알았으면 하는 거는 있는데⋯, 그게 있더라구요.

그래서 집에 들어올[놀러 올] 때도 이렇게 키 큰 아이들이 있잖아요. 키 큰 아이들이 먼저 쓱 들어온 다음에, 그 뒤에 키 작은 아이들이 우르르 들어오고⋯. 아이들이 참 착했던, 그런 것도⋯ [기억이 나요]. 아이들이 이렇게 오면 인사를 막 해요. "어, 안녕하세요, 안녕하세요", 인사를 하고 들어가요. 근데 집에 저희 [애들이] □살 터울이잖아요. 아이들이 혼자인 아이들도 있고, 동생이 없는 아이들도 있고, 더러는 동생이 있는 아이들도 있고 그러는데, 그런 아이들은 [경빈이 동생한테] "이리 와, 이리 와" 하는 반면에⋯ [동생이 없는 애들은] 그런 게 막 그게 보여요. '아, 어떻게 해야 하지? 어떻게 해야 하지?' [하고 어쩔 줄 몰라 하는 게].

면담자   아, 여동생을 어떻게 대할지 몰라서요?

경빈 엄마　　네. 아이들이 그게 있어요. 그러면서 되게 난감해해요. 경빈이[는] "괜찮아" 그러고. 어떨 때는 "야, 너 빨리 엄마한테 가 있어" 이러고… 그런 게 되게 많았었는데…. 기타도 배우고 싶고, 그리고 "수학여행 갔다 오면 엄마, 저 영어랑 수학을 단과로 해서 과외를 받는다"거나 그런 얘기를 해서 "그러자" 그것도 하고. 기타를 한다 길래 "야, 기타 비싸지 않냐?"(웃음) 이러면서… 하고 싶은 거는 참 많았었는데… "진작 좀 하지" 그런 얘기를 좀 했었거든요. 그래서 경빈한테도 얘기하기를, 태권도를 너무 좋아하다 보니까 태권도랑 늘 보습학원을 다녔었어요.

면담자　　어렸을 때부터?

경빈 엄마　　"니가 좋아하는 거는 다녀라, 무조건 엄마가 시켜주겠다" 그러면서 했었는데. 근데 엄마의 소원은, 남자들이 왜 피아노를 치잖아요. "엄마는 진짜 그게 로망이다. 피아노를 배워보는 건 어떻겠니?" 그랬더니 절대 안 하겠다 그러더라구요(웃음). "엄마, 저는 태권도랑 보습만 다닐래요" 그래서 "그래라" [했죠].

면담자　　아, 태권도를 굉장히 오래 했나 봐요?

경빈 엄마　　아마 경빈이 한 6살, 7살 때부터 시작해서 중학교 2학년인가, 3학년 될 때까지 계속 했었어요. 근데 아이들이 집에서, 아이들이 꿈이나 이런 게 많기는 한데… 저희 같은 경우에는 집에서 저녁에, 중학교 2학년 후반기에 얘기를 했을 거예요 아마. 늘 얘기를 하면 "야, 니 꿈이 뭐냐?" 그러면 "꿈이요? 좀 더 생각해 보구요", 늘 이러는 거예요. "야, 다른 친구들은 벌써 꿈을 가지고 무엇을 할까, 어떻게 할까 이런 거를 얘기를 하는데 너는 솔직히 지금 너무 여유가 있는 거 같다. 니 꿈에 대해서 우리가 얘기를 해줄 수도 없는 상황인 거고, 그냥 조금 더 빨리 신중하게 생각을 해줬으면 좋겠다. 근데 뭐 우리가 공부를 하라고 해서 니가 공부의 중요성도 모를 것이고, 니가 그거는 알아서 해라" 그렇게 얘기를 했었어요. 그랬더니 나름 "제가 알아서 할게요, 제가 알아서 할게요" 늘 그래요. "그래 그건 너한테 맡기겠다" 그랬는데….

2학년 때 보니까, 늘 선수생활을 하다 보니까 성적이 자꾸 내려가는 거예요. 근데 나가면 메달을 매달 따올 정도로 상장을 타 오고 이렇게 해요. 근데 꿈을 가지고 살기에는 그것만 가지고는 안 되잖아요. 얘기를 하면서 "태권도를 하면서 니가 꿈이 태권도여도, 공부도 성적도 어느 정도 유지를 해야 한다. 지금은, 그게 사회가…". 그때는 그랬었잖아요. 아무리 선수생활을 하고 이래도 평균 몇 점이 나와야 하고… 그런 게 있었잖아요. 그렇게 바뀌었기 때문에 "아무리 성적이 좋아도 운동을 못 하면 [네가 하고 싶은 걸] 못 하는 거고, 니가 너무 잘하는데 성적이 완전히 바닥이다 그러면 너의 꿈도 펼치기 어렵다. 그니까 공부를 유지를 해가면서 너는 운동을 해야 한다" 그러니까 "아이, 걱정하지 마세요. 제가 알아서 할게요. 제가 알아서 할게", 맨날 그렇게 하는 거예요.

근데 중학교 2학년 후반기가 들어가니까 이제는 아니잖아요. 그래서 아빠랑 밥을 먹으면서 얘기를 한 거예요, 아빠가. "운동을 할래? 아니면 공부를 할래?" 그렇게 얘기를 한 거예요. 그랬더니 정말 밥을 먹으면서 그 아이들 특유의 그 껄렁껄렁함 있잖아요. 단 1초의 생각할 겨를도 없이 "그냥 운동을 할래요" 그랬더니, 아빠가 앞에서 딱 밥을, 이렇게 저녁을 먹다가… 아, 그다음부터는 한마디도 안 하는 거예요. 한마디도 안 하고 있다가 밥만 계속 먹고 있다가 밖에 나가요. 그러면서 밖에 나가서 담배를 폈대요(웃음).

그러고 나서 들어와서도 말도 안 하고 있다가… 바로 다음 날 아침에 갈 때 얘기를 했어요. "그래도 경빈아, 엄마, 아빠가 너무 심각하게 얘기를 하는데, 대화를 하면서 너에 대해서, 너의 미래에 대해서 얘기를 하는데… 엄마, 아빠는 니가 만약에 판사가 되고 검사가 되고 뭘 하겠다 그러면 다 밀어주겠다는데, 굳이 그렇게 태권도만, 운동만 하겠다고. 정말 한 치의 망설임도 없이 그렇게 탁 내뱉는다는 거는 너무하지 않았니?" 그랬어요. 그랬더니, "예? 그랬나요?" 그러면서 "아, 그러면 제가 생각을 한 번 더 해볼게요" [하길래] "아, 그러면 그래라" 그랬어요.

그랬는데, 그러고 저녁에 들어왔어요. 들어왔는데 저희가 아침 점심을 거의 같이 생활을 못 하다 보니까. 저녁에 아이들이 늦게 들어오잖아요, 집에 오면 한 9시 반, 10시, 이 정도 돼요. 근데 아빠 같은 경우는 한 8시, 8시 반 정도 되면 와요. 그니까 간부라 그래 가지고 좀, 일 좀 더 봐주고 이래 가지고 늦게 오니까. 그러다 보니까 시간이 늦어요. 그래서 집에서 기다리고 있는 막내랑 저는 미리 군것질을 하고 있다가, 한 10시 되어서 같이 다 모여서 밥을 먹으

33
·
1회차

니까. 근데 그날도 그 시간 돼서 기다렸다가 밥을 먹으면서 다시 얘기를 하더라구요. "제가요, 곰곰이 생각을 해보니까요. 공부를 좀 더 해봐야겠다는 생각이 들더라구요" 그 얘기를 하는 거예요. 그랬더니 그때부터 아빠가 말을 하는 거예요. "아, 그래?"(웃음) 아휴, 나는 어제 그 이후로 회사에서도 계속 직원들한테 지시를 내려주고 이렇게 계속 일을 하는 단계에서… 말을, 굉장히 말을 해야 돼요. 근데 아마 그날은 한두 마디를 했나? 그러면서 정말 안 했대요(웃음).

면담자   공부하기를 바라는 마음 때문에요?

경빈 엄마   아니 공부를 하는 것보다는… 아빠도 예전에 야구를 해가면서 이가 다 나가고, 그리고 축구를 하면서 이 무릎 수술도 다 하고, 양쪽을 다 하고, 굉장히 힘들다는 걸 알잖아요.

면담자   운동을 해본 사람으로서 더 그랬나 보네요.

경빈 엄마   네. 저 같은 경우도 운동을 전에, 제가 아마 중학교 때까지 했나요, 육상을 좀 해봤거든요.

면담자   아, 그러셨어요? 부모님들이 운동을 잘했으니까 아이도 타고난 거죠.

경빈 엄마   근데 얼마나 힘들다는 거를 알잖아요. 그래서 적어도 그게 아니고 다른 것 좀 생각해 줬으면 하는데 애는 무조건 그걸 한다고 하니까 계속…(웃음). 조금 그런[타고난] 것도 있었는데…

"그러면 니가 만약에 공부 쪽을 한다고 하면 다른 무언가를 꿈을 꾸면서 할 텐데… 그렇다고 하면 니가 꿈꾸고 있는 다른 그것은 무엇을 두고 얘기를 하냐?"고 그랬더니, "검사나 아니면 변호사" 이런 거를 얘기를 하더라구요. "아, 그래? 그러면 그런 것도 괜찮지" 그러면서 아빠가 그때부터 웃으면서 얘기를 하더라구요.

면담자   음, 그니까 경빈이도 꿈이 굉장히 여러 색깔이었던 거네요, 그렇죠? 운동도 원체 잘하고.

경빈 엄마   근데 너무 어릴 때부터 저희가 꿈에 대한 걸 너무 주입[식]을 안 시켰나 봐요. "사람은 늘 겸손해야 하고, 사람은 공부보다는 정말 사람이 되어야 된다" 그런 얘기를 많이 했었어요. "남한테 미움받는 일, 죄를 짓고 뭐 그런 것보다는 정말 너는 인격적으로 사람이 되는 게 가장 중요하다"고 얘기를 했었거든요. 그러면서 "니가 하고 싶은 일을 하는 게 엄마, 아빠는 그게 굉장히 좋다라고 본다", 그리고 저희 세대 때는 솔직히 그냥 무조건 돈을 벌어가면서 잘살아야 한다는… 너무 못 먹고, 없이 살고, 못 배우고 그렇게 자라다 보니까. 저 같은 경우도 제가 벌어가면서 이렇게 지내다 보니까 부모들이 지원해 주는 그게 굉장히 부러웠거든요. "공부하라, 학원 가라" 그러면서 부모님들이 지원해 주는 이런 게 너무 부러웠었어요. 그래서 정말 '내 자식 같은 경우는 하고 싶다고 하는 경우는 내가 돈을 벌어서 무조건 지원을 해주는 게 부모의 몫이다', 늘 그거였거든요. 그리고 '하고 싶고 배우고 싶고 그런 거는 무조건 지원을 해준다', 그게 아마 제일 기뻤던 거 같아요.

그래서… 근데 아무리 얘기를 해도 얘가 조금, 동생하고 싸우고 그러잖아요. 그러면 제발 그러지 좀 말라고, "아니, 무슨 오빠가…" 근데 대부분이 보면 이렇게 싸워도… 그냥 막 싸우잖아요. 근데 되게 웃긴 게, 싸울 때도 막 인상을 써가면서 혼내키고 때리고, 때리려고 이렇게 폼을 잡고 이러면 "왜 표정까지 그러냐고, 너무 무섭다. 엄마가 보면 그 표정이. 그러니까 그렇게 하지 말아라" [고 했어요]. 엄마, 아빠가 없고 그럴 때는 동생을 되게 잘 봐줘요. 그때는 [동생도] '아, 우리 집에 나를 봐주는 거는 오빠가 갑이구나', 이걸 아는 거 같아요. 그러면서 말도 되게 잘 듣는대요. 근데 엄마, 아빠만 오면 오빠 말을 그렇게 안 듣는다고 하더라구요. 보면 알아요, 저희도. 그래서 저희도 아는데 "제발 표정만 좀 그렇게 안 하면 안 되겠냐?" 이렇게 얘기를 하고.

그냥 얘기를 할 때, 경빈이랑 얘기를 할 때에도 그런 얘기를 많이 했어요. "정말 뭐 싸가지 있고 없고를 떠나서 사람답게 살자" 그런 얘기를 하고… 그리고 어느 순간부터는 그랬던 거 같아요. 어른들이 있고 그러면 친구들하고 싸워도 절대 손을 안 대요. 그니까 "선생님이 계신데 어떻게 제가 그 아이한테 폭력을 쓰냐?" 이런 식으로 해서 폭력을 안 쓰고. 학교에서도 친구들이랑 싸우면 거의 맞고 오는 입장인 거예요. 집에 와서도 얘기를 안 해요. 늘 선생님한테 전화를 받는 거예요. 너무 화가 나더라구요.

아, 초등학교 때도 굉장히 싸운 적이 있는데, 아빠가 "아이들이

경빈 엄마 전인숙

크면서 그럴 수도 있지" [하고 넘어갔어요]. 근데 그때만 해도 손톱으로 남자아이가 얼굴을 다 이렇게 뜯어놔 가지고 굉장히 심각했었어요. 근데 그 부모라는 분이 진짜 '후시딘' 하나랑 초코파이였나요? 그 하나만 달랑 주더래요. 저는 정말 사과라도 할 줄 알았는데… 그래서 그냥 그렇게 하고 말았었는데…. 그때 제가 '아, 이거 뭐지? 아니 저 정도인데 어떻게 저렇게 여유로울 수가 있지?' 근데 [아빠가] "아이들끼리 자라면서 그럴 수도 있지" 그런 얘기를 하는데, 저는 진짜 몇 날 며칠을 꼬박, 밤에 오면 알로에 있잖아요? 그거를 다 쪼개가지고 그 안에 있는 젤리를 [경빈이 상처에다] 다 붙이고 이랬었는데, 이 눈 주위에 흉터가 하나랑 코 주위엔가 깊은 데는 흉터가 남더라구요.

그게 굉장히 [마음에] 남았었는데… 중학교 때도 그랬었어요. [경빈이가] 지나가면서 음료수가 쏟아졌었는데, [다른 친구] 체육복에… [색깔이] 조금 진한 체육복이었나 봐요. 근데 그 친구는 이 체육복을 산 지 얼마 안 됐잖아요. 너무 새거다 보니까 이게 다툼이 일어났고…. 선생님이 계시는데도 그러다 보니까, 선생님이 교육청에 민원을 당할 정도로 좀 크게 일이 있었어요.

근데 다른 거 다 필요 없고, 아이들이 상처받았을 거 같으니까 "아이들한테 그저 사과를 해라" 그렇게 해서 무마가 됐는데. 이놈들은 그냥 지들끼리 그날 그 사건을 크게 일으켜 놓고…, [말도 안 해서] 저희는 정말 몰랐어요, 저희 집은…. 밤에 선생님한테 연락이 와서 그래서 알았던 거고. 그런 상황이었는데 선생님이 얘기를 해주시더라구요. 그렇게 싸워서 그 아이, [우리 경빈이를] 때렸던 아이의 부모들이 쫓아와서 선생님한테 삿대질을 하고 그렇게 난리가 났는데, 반 친구들도 그렇고 경빈이네 부모들이 와서 그러는 줄 알았대요. 그랬는데 오히려 역으로 그 아이의 할머니, 할아버지, 고모 다 와서 그랬었으니까. 그런 상황에 저희는 이제 밤에 알았으니까. 근데 이 아이는, 경빈이는 태권도장 갔던 거예요.

면담자   그런 일이 있었는데 아무 말도 없어요?

경빈 엄마   태권도장 관장님한테 제가 전화를 했어요. "관장님 이거 너무한 거 같다, 이런 상황이 벌어졌는데… 어, 너무 교육을… 이렇게까지. 친구들하고 싸우고 학교에서, 그런 사사로운[사사롭지 않은] 일을 '부모님이 걱정을 하니까 [말]하지 말아'는 교육이 너무 강압적으로 들어가지 않았냐, 그게 너무 주입식으로 들어가다 보니까 [부모한테 아무 말도] 안 하는 거 같다. 지금 그런 상황까지 벌어졌다. 학교까지, 그 아이의 할머니까지 와서 그런 상황이 벌어졌는데, 우리는 정작 모르고 지금 알았다. [애는 입 꼭 다물고 있고] 이게 말이 되냐?" 그랬더니 거기서 관장님이 혼내켜 줬다 그러더라구요. "너, 이거는 참을 일이 아니야" 그러면서….

그렇게 해가지고 그날도 그렇게 넘어가고 그러면서, 저희가 오히려 그 할머니, 할아버지한테 전화를 해서 아이들한테까지 그렇게 상처 줄 행동을 학교까지 가서 스스럼없이 했다고 하는데, "솔직히 그 선생님을[에 대해서] 교육청에 민원을 넣을 정도로 그렇게 하셨다면서요?" 그랬더니 처음에는 막 담담하게 얘기를 해요. [그래서 제가] "내 아이가 맞았다는데, 그래요?", "이제 우리 아이는 어떻게 할까요?" 그래서 "사과를 하신다고 하셨다면서요, 그럼 사과를 하세요" 그랬더니 "아, 처음에는 우리 아이가 맞았는데 어떻게 사과를 하냐" 그래서 "그래요? 그럼 저희가 가서 똑같이, 손주한테 똑같이 해도 상관이 없겠습니까?" 그랬더니 그때부터 "아, 그건 아닙니다, 죄송하다"고. "아니 다 필요 없으니까 언제 한번 정식으로 얼굴 보고 얘기하자"고 그랬더니 알겠다고 그러면서, 당신들은 "강원도 가신다"고 못 나오시고, 결국은 고모들을 내보내셨더라구요. 근데 그날도 고모를 내보내셨는데, [애들은] 지네들끼리 저기 가서 떠들고.

면담자   아이들은 아, 이미 애들은 다 풀린 거네요.

경빈 엄마   네, 그래서 솔직히 "부모들이, 어른들이 아이들한테 상처를 준 거 같다, 그렇기 때문에 다른 거 다 필요 없고, 아이들한테 얘기하시라"고 그랬더니 경빈이랑 다 불러가지고 "미안하다"고 그렇게 사과를 하고 그러고 헤어지고 그랬었거든요.

면담자   경빈이가 남자아이고, 더군다나 운동을 하는 아이다 보니까 그런 에피소드들이 있었나 봐요.

경빈 엄마   (웃음) 네, 그렇죠. 거의 보면 태권도 가서도 처음에 저희가 와동으로 이사를 갔을 때, 저희는 여기 원곡동에 살았었어요. 살다가 재개발 지역도 있고 그래서… [이사를 한 거죠].

아빠가 초등학교 6학년 때 이사를 오다 보니까 친구가 없는 거예요, 초등학교. 그[러]니까 졸업식 날[졸업하고 나면] 만나자 그러잖아요, 동창회를 한다거나 이러면…. 초등학교 6학년 때 오다 보니까 이쪽에 있는 친구들을 만나기도 어색하고, 그렇다고 동창회를 시골에서 자라던 친구들한테 가기도 좀 웃기고, 그러다 보니까.

[우리가 살던 동네가] 재개발한다고 그래서 "차라리 미리 가자", 그래서 이사를 간 거예요, [경빈이] 4학년 때. 그러면서 그쪽[이사한 동네]에서, 메달을 따가지고 왔는데, [경빈이가 메달을 땄다고] 막 큰소리를 치고 그러면서 막 웃고 그랬었나 봐요. 근데 이제 [그렇다고] '혼내줬다' 그러더라구요. 근데 이 아이는 와서 그 얘기를 안 하고 "엄마, 저 금메달 땄어요" 그래서 "엄마 들었어. 잘했어" 그랬는데, 관장님하고 통화를 하다 보니까 관장님이 그러시는 거예요. "어머니, 제가 경빈이를 좀 혼냈어요" 그러기에 "예?" 그랬어요. 금메달을 땄는데, 친구들 있는 데서 이렇게 막 웃고 그러더라고. 근데 거기서 그런 얘기를 하면서 "너그러움이라든가 포용할 수 있는 마음을 가져라, 너희들이 금메달을 따고 은메달을 따고 메달을 땄지만 못 딴 친구들도 있다. 근데 그 아이들을 위해서 너희가 웃는 것이 아니고 같이 포용할 줄을 알아라"는…. 뭐 그러면서 조금 아이들이 크게 자라라는 그런 훈계를 하신 거 같아요.

근데 제가 거기서 전화를 받으면서 "관장님 근데 저는 그게 그렇게 좋은 얘기로 들리지가 않아요" 그랬더니 "아, 예?" 그러더라구요. 그래서 "관장님, 솔직히 초등학생들이에요. 초등학생들이고…

그리고 이 아이들 같은 경우는 처음 메달을 딴 거예요. 처음 대회를 나가서. 근데 경험을 쌓기 위해서 태권도를 시작해서 이렇게 대회도 나가고, 그리고 선수단으로 활동을 하고 있는 아이들이고…. 초등학생들이 무엇을 알겠어요. 그리고 관장님이 지금 혼냈다고 얘기를 하시지만, 혼냈[낸]다고 될 내용은 아닌 거 같구요. 솔직히 관장님 말씀은 틀린 말씀은 아니에요. 그냥 아이들이 처음 메달을 땄고 이렇기 때문에 얼마나 좋은 그게 있겠어요. 그러면 차라리 적어도 처음에 칭찬을 해주시고 그리고 그다음 얘기가 그렇게 나가는 게 맞다고 생각한다"고 그렇게 얘기를 했었어요. 했더니[그랬더니] "아, 예. 어머니 말씀이 맞네요" 그렇게 얘기를 해주시더라구요.

그래서 서로 저희끼리도 [아이 교육에 대해] 조율을 해가면서 [태권도를 배웠어요. 그런데] 밤에 잠을 잘 안 자니까. 그러면서 경빈이[가] 선수단 출신을 하게 되고, 아무래도 그러면서 태권도를 너무 좋아하다 보니까 늦게까지 연습을 하게 되고. 중학교 때도 새벽에 들어오는 그런 단계인데도 "힘들다"고를 안 하는 거예요.

면담자	고등학교 때까지도 태권도를 했어요?
경빈 엄마	아니, 아니요. 중학교.
면담자	중학교까지 하고 그만뒀어요?
경빈 엄마	네.
면담자	아, 그럼 고등학교 와서는 운동은 하지는 않았어요,

태권도는?

경빈 엄마   네.

면담자   아, 그랬군요.

경빈 엄마   그래서 고등학교 1학년 때 아마 관장님을 만나서 "방학 때라도 좀 해보는 게 어떻겠느냐, 한번 와서 연습을 해봐라" 그랬는데, 관장님이. [제가] "힘들 거예요. 많이 굳어 있을 거예요" 그랬더니, "아, 어머니 예전에 했던 아이라서 괜찮을 거예요" 그러면서 "아이들도 가르치고 그러면 좋을 거 같아요" 그러더라구요. 그래서 그러면 그렇게 하시라고, [경빈이를] 방학 때 보냈고.

그때 경빈이 계획을 세워놓은 게 있었어요. 3품까지 따놓으면 나중에 사범인가 관장까지 할 수 있다 그래 가지고, 거기까지 딱 지가 따놓고 이제 그만둔 거였거든요. 그러면서 지가 계획을 세우고 지가 다 알아서 하니까 [저는] 믿었고. 그래서 도장을 갔는데 얘가 다리 찢기를 굉장히 잘해요. 잘하신[한]다고 그러[시]더라구요. 거의 보면, 지금도 경빈이 사진이 있는데 친구들이 보면 "이거 합성 아니에요?" 이렇게 [이야기]할 정도로. 그래서 방학 때 가서 다리 찢기를 시작했나 봐요. 그랬는데 [관장님이] "어머니, 저 깜짝 놀랬어요" 그래요. "예?" 그랬더니 "[경빈이] 다리가 안 찢어져요" [그러시]더라구요(웃음).

5

탐탁지 않았던 단원고 진학

면담자   아, 네. 고등학교 때는 방학 때만 운동을 조금씩 하고, 일단은 그래도 공부를 하겠다는 쪽으로 진로를 좀 정리한 상황이었네요. 경빈이는 문과였어요, 이과였어요?

경빈 엄마   문과요. 그래서 중학교 3학년 때 고민을 하다가 "문과를 가겠다"고 하고, 학교도 본인들이 다 사립이니 국립이니 다 찾아가면서 어느 학교가 지금 가면 좋을 거 같고, 지들끼리 다 결론을 내리고 "단원고 가겠다"고. 단원고 같은 경우에는, 제가 그래도 "양지고나 그런 쪽으로 갔으면 좋겠다"고 얘기를 했는데, 저한테 그거 가지고 계속 얘기를 하더라구요. 그래서 우리는 단원고를 가기로 했고, "엄마, 단원고도 괜찮아요"라고 얘기를 하는 거예요.

면담자   아, 친구들하고 같이 진학을 했어요?

경빈 엄마   네.

면담자   자기 친한 친구들하고 같이?

경빈 엄마   그거는 아닌 거 같구요. 그냥 본인들 뭐 [알아서 결정했나 봐요]. 단원고 가기로 한 친구들도 있었고, 근데 갔다가 떨어져서 이쪽에 원곡고등학교 그런 쪽으로 간 친구들도 있고….

면담자   학교나 자녀 교육과 관련한 정보들은 주로 어디서

구하셨어요?

경빈 엄마   그냥 뭐 엄마들끼리 얘기를 많이 하죠, 많이 하고….
안산에도 저는 조카가 있잖아요. 그렇게 하면서… 제가 이렇게 다
니다 보니까 어디 학교가 좀 괜찮고 이런 게 있잖아요. 그냥 많이
알지는 못하지만 조금씩 그렇게 알면서…. "엄마는 그래도 원곡고
나 아니면 양지고등학교", 그리고 어디더라, 그 중앙동 쪽에 있는
고등학교인데, 이름이 생각이 안 나네[경안고를 말함]. 그래서 "그중
에 좀 생각을 해보면 어떻겠니?" 했더니, 그 중앙동에 있는 곳은 세
다 그러더라구요. 그런 얘기가 나왔었는데…….

면담자   어느 고등학교죠? 고잔고?

경빈 엄마   아 아닌데, 단원고 바로 옆에 있는 건데……. 그래서
그렇게 하면서 얘기를 했는데 [애한테] 안 먹히는 거예요. 그래서 학
교에서 그때 경빈이 담임선생님한테, 그때 저희 같은 경우는 봉사
활동을 하겠다 그래서 제가 학부모회에 들어가 있었어요, 중학교
부터…. 그래서 활동을 하면서 엄마들하고 얘기를 하고, 선생님들
하고 얘기를 하고 그러다 보니까 그렇게[다른 고등학교를 가라고 설
득을] 했던 건데…. 선생님한테 "선생님, 고등학교는 굉장히 많아
요. 근데 애 너무 단원고만 고집을 하는데…", "고등학교는 굉장히
많고 좋은 곳도 많다, 제발 얘기 좀 해달라"고 했었는데, 이 아이들
은 이미 뭐 확고하게 다 그게 있기 때문에 안 됐던 거 같아요.

　　그래서 세월호 참사 일어나고 그때, 경빈이 담임선생님이 몸이

안 좋으셔서 학교를 못 다니고 계시다가, 그때 2학년 때, 고등학교 3학년으로 해서 그 학교 그대로 들어가셨던 거 같아요. 그래서 참사 일어나고 어떻게 하다 보니까 연락이 되어서 선생님이 그때 친구들한테 있던 사진을 모아가지고 주신다고 그래 가지고, 제가 그 사진을 받으면서 통화를 한번 하면서 그냥 너무 답답하니까, 그런 얘기를 했었어요. "선생님, 제가 그렇게까지 다른 학교 좀 해달라고 했는데, 어떻게 그렇게 안 해주셨어요?" 그랬더니 선생님이 "아유, 그러게요". 제가 또 [그냥] 그러[고 말]면 선생님한테 [미안한 마음이] 남아 있을 거 같아서, "선생님, 제가 답답해서 한 소리예요, [마음에] 남겨두진 마세요" 그랬더니, "어머니, 알아요" 그러더라구요. 그래서 그렇게까지 했었는데… 에휴….

면담자   어머니는 주로 세상 물정이라 그럴까, 어떤 사람들하고 이런 고민들이나 얘기들을 나누셨어요?

경빈 엄마   같이 부업도 하고 그러면서 □□에 이사 가면서 만났던 엄마가 있어요. 완전히 뭐 친자매보다도 그렇게 [가깝게] 지내던….

면담자   이웃이네요, 그쵸?

경빈 엄마   네, 동생이 있는데 그냥 뭐 "나와라, 너무 힘들다 술이나 한잔하자 그러면 나오고 늘 들어주는 역할, 그런 동생이 있어서….

면담자   투표는 좀 하시는 편이셨어요? 그동안 살아오시면서?

경빈 엄마   할 때도 있고 거의 뭐 반반? 못 할 때도 있는데, 할 때는 진짜 시의원부터 시작해서 다 할 때가 있고, 못 할 때는 아예 못 할 때도 있고…. 대통령 선거는 하는데, 내가 찍은 사람은 안 되는 경우[가 많았어요]. 아마 대통령 선거 이래로 제가 뽑은 대통령이 딱 한 번 됐던 거 같아요.

면담자   누가 됐어요?(웃음) 지금 이 사람은 아니겠죠?

경빈 엄마   아, 절대 아니에요(웃음). 제가 뽑았던 대통령은 노무현 대통령.

6
수학여행 준비와 사고 소식

면담자   이제 수학여행 얘기를 좀 해볼게요. 수학여행 출발 전에 학교에서 여행 관련한 설문지 또는 안내서들 오잖아요. 그런 것들은 좀 꼼꼼히 살펴보셨나요?

경빈 엄마   혹시 선생님, 자제 분이 있으신가요?

면담자   네.

경빈 엄마   아들이 있으신가요?

면담자   네.

경빈 엄마   아들은 꼬박꼬박 챙겨 [선생님한테 보여] 주시나요?(웃음) 거의 보면 책상 서랍이나 사물함이나 던져놔요.

면담자   꾸깃꾸깃.

경빈 엄마   그거 있잖아요. [아니면 책가방에 안내장을 넣]으면서 꾸깃꾸깃해서 바닥에 있고…, 아마 맞죠?(웃음)

면담자   어디 가방, 후미진 데?

경빈 엄마   그렇게 하다가 선생님이 급하게 내라고 그러면 "엄마, 저 이거 했어야 했는데 이걸 안 해가지고 왔어요", "그럼 어떻게 해야 해?" 엄마 도장을 찍어야 하는데 급하게 집에 와서 찍어서 가는 경우도 있고…. 설명을 다 해요, 그때서야…. 그러면 부랴부랴 그게[도장을 찍어주는 게] 가능한 경우도 있고.

그리고 되도록 봉사활동 한다고 했으니까 제가, 엄마가 너희[경빈이한테] 도움이 되기 위해서 봉사하면 봉사 점수도 들어가고 이러잖아요. 그 이전에는 없었는데, 아마 고등학교 들어가면서 들어간 걸로 알고 있어요. 그래서 아무래도 [경빈이] '활동에 도움을 주겠다' 그래서…, '다른 거는 내가 못 하고 학부모회에 들어가서 내가 봉사활동을 해주겠다…'[고 생각하고 활동을 한 거였어요]. 근데 거의 보면, 한부모 가정 아이들, 할머니 할아버지, 그리고 부모님이 편찮으시거나 이런 가정이 추천을 받아서 반찬이나 라면이나 쌀이나 이런 거를, [학교] 다니면서 학교 지원 나오는 걸로 사거나 해서 그 아이들한테 지원을 해주는 [거의] 이런 거를 하거든요. 그런 [활동]

위주로… 제가 학부모회에 들어가서 [그런 일을] 했는데, 그냥 그런 거 같아요…. 약간 조금, 질문이… [뭐였죠?](웃음)

면담자   아, 그럼 어머니가 학부모회 활동을 하셨으니까 수학여행 관련한 정보를 전혀 모르지는 않으셨던 건가요?

경빈 엄마   지금 같은 경우는 몰랐죠, 당연히…. 저희는 제주도를 배를 타고 가본 적이 없거든요. 그래서 당연히 '비행기를 타고 갔다가 타고 오는구나'라고 생각을 한 거예요. 그래서 그것만… 그래서 애들이 15일 날 갈 때도…. 15일 날이 제 생일이었어요. 그래서 일요일 날 미리, [생일 파티를 했어요. 당일에] 못 하니까, 일요일 날 미리 [가족들끼리] 촛불을 끄고, "수학여행 갔다 와서[오면서] 엄마 선물을 사가지고 오겠다" 그렇게 얘기를 했었고….

그리고 15일 날만 해도 우리가 엄마들끼리 모여서 떡을 해가지고 갈까 음료수를 가져갈까 과자를 사 갈까 막 논의를 했었는데…. 학교에 가서 배웅을 해줘야 하니까. 그랬더니 학교에서 "아무것도 해가지고 오지 마세요"라는 얘기를 했을 때[해서], "아무것도 해가지고 오지 말래" [그랬어요]. 저희들끼리 알았다고, 알았다고 그러면서. [수학여행] 갈 때 제가 경빈이 가방을 메고, 그리고 마이랑 그걸 다 교실에다 두고. 그때 가디건이랑 해서, 캐리어도 이모 캐리어를 끌고 갔어요. 가면서 이제 배웅을 했었는데… 우리가 참사 일어나고 모여서 얘기 나온 게, 떡 못 해주고 과자 챙겨주지 못하고 그런 게…. 아이들 무거울까 봐 못 챙겨주고, 선생님이 해오지 말라고 해가지고, "다 챙겼습니다" 했었을 때 그것마저도 못 해줘서… 그 게 막 후회스럽고 그런 거예요.

면담자　　　　수학여행 가기 전에 애들이 이것저것 쇼핑하고 그러 잖아요. 수학여행 준비는 어떻게 했어요? 가족끼리 같이 쇼핑하고 그랬어요?

경빈 엄마　　　　저희는 미리… [경빈이는] 친구들이 너무 좋다 보니까 옷을 사러 가자 그래도 안 가요. 오히려 [엄마랑 아빠가] 마트 가서 옷을 일일이 다 [골라]놔요, 맘에 드는 몇 개를. 그리고 사진을 찍어 요. 한 일고여덟 개를 찍어가지고, 자, 1번부터 자 이렇게 해가지고 쭉 올려가지고, "몇 번째 거가 마음에 드니? 그거를 얘기를 해라".

면담자　　　　친구들한테?

경빈 엄마　　　　아니, 경빈이한테 보내요, 사진을. 엄마랑 아빠랑 가 서 사진을 찍어서 보내면 "엄마, 저 1번, 2번" 그러면 "야, 2개 가지 고 되냐, 하나 더 골라봐" 그러면 "몇 번" 해요. 그러면 "알았다" 그 래 가지고 이걸 사 가지고 갈 정도로. 저희가 쇼핑을 하고 싶은 그 시간에 [경빈이는] 친구들하고 같이 [있고 싶으니까]….

　공부를 하거나 그룹끼리, 그룹이 있더라구요. 그렇게 할 정도 로 [친구들을 좋아]하다 보니까. 그렇다고 해서 메이커를 좋아하거 나 그러지를 않아요. 그냥 저희 같은 경우는 차라리 비싼 거를 사 느니 내가 마음에 드는 거 두세 개를 더 사서 입고 다닌다는 그 마 인드거든요, 엄마, 아빠가. 그래서 그런지는 모르겠는데 그렇게 메이커에 관심이 없고 수학여행 갈 때에도 가방 같은 거, 어디 뭐 지퍼락 같은 거 있어야 하잖아요. 그때 갈 때도 그냥 엄마가 이렇게 세면도구 가지고 다니는 통, 가족들이 가지고 다니는 통 "그거 주세요" 그러면 거기다가 지 거 넣어가지고 가지고 가고…. 화장품도 "뭐 화장품 살까?" 그러면 "엄마, 이거 남은 거 가져가서 마저 쓰고 그리고 와서 사면 될 거 같아요" 그래서 "그래 그러자" [해서] 남아 있는 거 가지고 가고.

면담자　　　여행할 줄 아는 사람이네요(웃음). 가서 이제 털어버리고 오잖아요(웃음).

경빈 엄마　　　네, 그래서….

면담자　　　아까 말씀이, 배가 아니라 비행기로 알고 계셨다는 말이 무슨 맥락이에요? 그러니까 신청서에 몇 번을 선택하는지 확인하고 이러잖아요. 근데 마지막까지 배로 가는 걸 모르고 계셨다는 건가요?

경빈 엄마　　　가는 날에, 그날도 "엄마, 제가 이거를 해야 하는데요, 도장을 받아가지고 가야 하는데 못 해가지고 갔어요" 또 그러는 거예요, 그날도. "뭔데?" 그랬더니 "아, 뭐 보험"이래요. 보험인데 수학여행 가기 전에 보험을 들고 가야 한대요. 보험을 안 들면 못 간대요.

면담자　　　여행자보험?

경빈 엄마 　　네. 근데 "아, 그래?" 그래서 저희는 당연히…. 제가 하잖아요. 여행 가는 사람들은 당연히 보험을 들잖아요. 그래서 당연히 그건 줄 알고, "아, 그럼 당연히 해야지". 또 그렇게 한 거예요.

7
세월호 참사 당일

경빈 엄마 　　[16일] 아침에 저희가 출근을 했는데, 갑자기 저 뒤에서 저희 직원분 중에 한 분이…, 저희가 이제 한 30분 정도를 조회를 해요. 그래서 조회가 딱 끝나고 나서 갑자기 벌떡 일어나더니…, 회사에 한 세 명 정도 돼요.

면담자 　　아, 자녀가 단원고에 다니는 학부모가요?

경빈 엄마 　　단원고 학생들이. 근데 얘기하는 게, 그분이 저만 생각난 거예요, 다른 분들은 모르고 그래서…. "혹시 인숙 씨, 혹시 애기 단원고 다니지 않아?", "어, 왜?" 그랬더니… 저희가 세상 돌아가는 물정도 알아야 되고 그러다 보니까, 인터넷을 이렇게 열어야 돼요. 거의… 인터넷 보면서 어떻게 돌아가는지도 알아야 되고 하니까, 뉴스도 많이 보고 해야 되잖아요. 그래 가지고 [회의] 끝나자마자 딱 튼 거예요. 근데 갑자기 속보로 그게 막 나오니까 그 얘기를 막 하는 거예요. "왜?" 그랬더니 아니 "수학여행을 가는 단원고 학생들의 배가 지금 기울어 있다"고. 그래서 처음에는 "어? 아닐 텐데… 우리 애들이 왜 배를 탔어…?" 그런 거예요. 그래 가지고 몰랐어요. 저는 '어라? 이놈 새끼 봐라', 15일 날 갔으면 도착을 해서 이 시간이면 '또 부랴부랴 준비하고 어디 가겠다고 이동하겠다고, 아이들도 씻고 뭐 하고 준비하느라 정신없겠구나', 이 생각을 했었던 거예요. 응, 그래서….

면담자   아, 남자 애들 키우는 게 이런 건가요, 어우 세상에….

경빈 엄마   그래서, 그래서 좀 털털한 여학생들도 그렇다고는 하는데…. 그래서 배를 왜 타냐고 [그 사람한테 그랬어요].

면담자   이미, 15일 날 이미 갔으리라 생각하고….

경빈 엄마   네, 저는 도착해 있을 거라는 생각을 한 거예요. 그래서 저는 여지껏 체험학습, 그 뭐라고 해야 하죠? 아이들이…? 왜 체력 단련 한다 그래서 가잖아요, 뭐 1학년 때 가고 이렇게 가잖아요? 가면 집에 연락을 안 해요. 부모님들 걱정한다 그래서 되도록 이면 연락을 안 하고. 문자로 "잘 있다"고, 그런 거 한 번 하고, 그런 거밖에 안 하니까. 그래서 당연히 그럴 거라 생각을 했고. 뭐 어디 가서 문자 주고 그런 거는 아이들 합숙훈련 가고, 시합 나갔을 때…, 그리고 관장님들이 부모님한테 전화할 시간을 줘요. "잘 지내고, 이제 자려고 한다" 그때 잠깐 통화를 하거나 문자가 오거나 이러는데(한숨).

면담자　　　회사 동료가 하는 말을 듣고는 바로 경빈이한테 연락해 보셨어요?

경빈 엄마　　　연락을 했는데 안 돼요, 통화가. 그래서 문자를 남긴 거예요. 어, 문자를 남겼는데도 대답도 없고…. 막 이렇게 하다 보니까.

면담자　　　그때가 몇 시 정도 됐어요? 한 10시? 9시 반쯤 동료 분이랑 얘기했다니까 한 10시쯤 됐겠네요.

경빈 엄마　　　네. 10시도 안 됐죠. 10시도 안 됐고, 한 9시 40분, 50분, 그 정도 됐는데….

면담자　　　그때도 연락이 안 되었다구요?

경빈 엄마　　　네. 근데 이제, 그러면서 계속 연락이 닿을 수 있는 게…. [사무실에 단원고 학부모들이] 저희 테이블에 둘이 있구요, 뒤 테이블에 하나가 있었어요. 저희 테이블은 아예 연락이 안 되는 상황이었고, 뒤에 테이블에 계신…, 지금 생존자예요. 그분이 그 딸하고 계속 연락을 하고 있는 거예요. "엄마 발에 물이 차 있다"고, "바닥에", 그러면서 그 얘기를 하면서….

면담자　　　배 안에 아직 있었던 거죠?

경빈 엄마　　　네, 그때만 해도 배 안에 있었죠. 그러면서 "친구랑 같이 있는데 무섭다"고 그런 얘기를 하면서…. 저희가 계속 "말 잘 듣고 있으라"고 막 그러는데…. 사무실에서 [일하러도] 계속 못 나가고…, 다 뛰어내리라는 그런 얘기도 있었고. 막, 우리는 [상황을 전해 들을 사람이] 그 아이밖에 없었으니까 "경빈이를 찾아봐라, 경빈이 좀 찾아줘라" 그리고 그 앞에 있는 우리 테이블에 있는 그[분] 아이는 여학생이에요. 그 아이도 좀 "찾아봐라, 찾아봐라" 그랬는데… "엄마 모르겠다"고, "여기 진짜 정신없다고, 사람도 많고", 그래서 "뛰어내리라 그래서 다 뛰어내린 것도 아니고" 막 이런 얘기를 하니까. 그래서 "어느 배에, 배를 타라고 해서 배를 탔고", 이런 얘기를 하고.

면담자   그 아이는 벌써 나왔었나 봐요.

경빈 엄마   네.

면담자   그렇죠. 그런 얘기를 할 땐 벌써, 네네.

경빈 엄마   네, 그니깐 이미 그 구조가, 다른 섬으로 해놨다가 그 바지선 놓고 다 이렇게 한 번에 취합을 해서 나왔다 그랬잖아요. 그 과정에서 온 거 같아요. "너무 춥다" 그러고 그래서…(한숨).

면담자   남편한테는 어떻게 연락하셨어요?

경빈 엄마   제가 못 했어요. 제가 못 하고…, 갑자기 막 차 끌고 간다고 그럴까 봐. 그, 그 불안감도 있었고, 전화가 계속 오는 거예요.

면담자   다른 데서?

경빈 엄마   네. 막 오다, 전화가 오니까. 나도 이게 뭔 상황인지 모르겠다고 그러면서…. 막 그때부터 이제 다리가 풀려가지고 어떻게 해야 할지도 모르겠고. 그러면서 뒤에서 막 그분이 "배가 조금 더 기울었대…". 그런 얘기를 하면 "조용히 좀 하라"고, 오히려 막… 굉장히 심란하니까. 제가 그분한테 오히려 소리치고 막 이랬었거든요.

그 상황에 아빠한테 전화가 왔더라고요. "간다"고 그래서, 도저히 안 되겠어서… 저희끼리는 도저히 컨트롤이 안 될 거 같아서. 그러면 "내가 지금 여기에서 택시를 타고 [둘째 아이] 학교를 가서 아이를 찾아가지고 올 테니까, 자기가 이모 집에 가서 이모를 태워가지고 오라"고. 그 대신에 "집에 가서 애들이 다 젖었다고 하니까 신발하고 옷을 챙겨가지고 와라" 그랬어요. 그랬는데 "어, 그러겠다"고 하더라구요.

그러면서 제가 [둘째 아이] 학교 갔는데 이게 학년 반이 생각이 안 나요, 애를 찾아야 하는데…. 그래서 "선생님, 나 지금 그, 그, 속보로 계속 뜨고 있는 단원고에 애가 있는데, 애를 데리러 가야 한다고, [둘째 아이] 볼 사람이 없어서, 나 애를 찾아야 하는데…". "이름이 뭐예요?" 이름을 얘기를 하니까, 아, 그러면 이름으로 찾겠다고. 처음에 제가 그 [경황이 없이] 일이 터진 거예요. 4반인데 3반으로 얘기를 했던 거 같아요. 막 찾다가 안 되겠다고, 다른 반, 막 이름으로 찾은 거예요. 그래서 [둘째 아이를] 찾아가지고 왔어요. 그래 가지고 가방을 막 싸가지고 그대로 내려갔거든요. 그대로 내려가서….

8

진도, 아수라장

면담자   단원고에 가거나 학교로 전화를 해보거나 전혀 그러지는 않으셨어요?

경빈 엄마   아니요. 전화를 해도 또 학교로 오라 그러고. 그리고 그 엄마들한테 전화를 하면, 전화가 오거나 제가 전화를 하면, 아니 "빨리 학교로 오라" 그런대요. 그래서 "야, 지금 이 상황에 학교 가면 뭐 할 건데? 아이들은 진도에 있는데, 학교 가서 뭐 할 건데…" [그랬는데] "언니, 우선 학교로 오라 그랬다"고, 그러면서 "빨리 오라"고 그러는 거예요. 막 이러는 거예요, 계속.

면담자   한마디로 우왕좌왕하는 거죠, 엄마들도.

경빈 엄마   급하니까 이제 그렇게만 얘기하는 거예요. "그래?" 더 이제 얘기는 안 될 거 같아서 알았다고, 끊으라고 그래 놓고 저희는 밑으로 바로 내려간 거예요. 그래서 이제 바로 내려가서….

면담자   딸아이까지 데리고 출발했으니까 여기서 한 10시 반은 돼서 출발했을 거 같은데, 얼마나 걸리셨어요?

경빈 엄마   거기 도착을 하니까 2시나 3시는 됐을 거 같아요. 정확히는 기억이 안 나요. 거의 한 4시간, 5시간 걸려서 간 거 같은데…. 가면서 계속 속보가 나왔잖아요. "전원 구조했다"고. 그래서 "전원 구조했다"고, 그렇게 얘기를 했는데….

면담자　　　　운전은 누가 했어요? 이모가?

경빈 엄마　　　아니요, 아빠가. 아빠가 하는데 계속 울면서 가니까. 그것에, 저는 그 옛날부터 그거 있잖아요, 아이들 일에 자꾸 울고 그러면 안 좋다는 얘기가 있고 그래서. "왜 자꾸 우냐"고, "울지 마라"고. "아직 안 나왔다고 확답도 없고 정확한 결과도 없는데, 왜 우냐"고 오히려 막 아빠한테 뭐라고 할 정도로… 그러고 갔어요. 근데 "전원 구조됐다"고 이런 얘기가 나오니까….

　　　　가다가 한 12시가 넘어서, 막 가다 보니까 [둘째] 애가 있잖아요. 화장실도 가고 싶고, "아빠, 배고파" 막 이러니까. 도저히 밥 먹을 그거는 안 되고 그냥 화장실 갔다 오면서…. [휴게소에서] 호두과자를 사가지고 온 거예요. 호두과자를 사가지고 와서 "딸내미랑 먹는다"고 먹더라구요. 화장실도 못 가고 이모랑 둘이 앉아가지고. 그래서 "자기가 ○○이 [경빈이 동생] 데리고 화장실 좀 갔다 오라고" 그러고 차에 남아 있었는데, 이미 우리는 인터넷 그 뭐지? 따로 이렇게 들어오는 그게 있었잖아요. 그래서 "A가 나왔다"고, 엄마한테 전화가 왔대요.

　　　　그래서 그 번호까지 따서 제가 직접 현장에 있는 사람하고 직접 [전화]해 보고… 다 이제 대강 듣고 갔어요. 듣고 가면서 사망자가 있었고, 그러면서 가는데 이미 그곳은 뭐 전쟁터가 따로 없다고…. 어, 자기도 생존자인데, "전화기에 지금 배터리가 남아 있어서 아이들한테 길게도 아니고, 그냥 '엄마 나 지금 괜찮아요' 그거 얘기만 딱 하고 끊으라" 그랬대요. [살아 나온] 그 아이들이 다 [엄마,

아빠들한테 전화를] 해야 되니까. 그래서 그 얘기만 하고 끊고, 하고 끊고.

면담자　　　아, 그 생존자분, 어른이고요, 일반 승객.

경빈 엄마　　　네네. 그래서 제가 그분인지는 모르겠어요. 누군지를 모르겠어. 근데 그 번호를 따서 전화를 했었거든요. 그리고 다른 데서 들어오는, 그리고 그 아이… 사무실에 있는 다른 아이한테까지도 다 듣고 갔잖아요. 말을 못 하겠는 거야, 아빠한테. 근데 "지금 전원 구조됐다고 그러니까 정신 차려서 운전하라"고. 그리고 "제발 좀 울지 말라"고…. 계속 그 얘기를 했던 거 같아요.

근데 진도까지 내려갔는데 뉴스를 들은 거예요. [경빈이가] 실종이라고. 176명인가, 그 100…, 몇 명이죠? 먼저 생존해 온 사람들 외에는 [다 실종이라는].

면담자　　　75명.

경빈 엄마　　　네.

면담자　　　나머지가?

경빈 엄마　　　"실종"이라고. 그래서 그때부터 막 밟고 그러고 체육관으로 갔어요. 체육관으로 갔는데, 솔직히 체육관에 딱 도착하자마자 경찰들이 밖에서… 그거예요, 자기들은 여기를, 막 안내를 하고 있는데… 막 달려가니까 그게 보이는 거예요. "천천히 좀 오시라"고…. 그래 가지고 우리는 막 욕이 나오는 거죠. "너 같으면 지금 이 상황에 천천히 오게 되겠냐?"고 막 욕을 하면서 들어간 거예요.

그래서 하아, 체육관을 갔는데, 진짜 체육관에는 생존해 나온 아이들이 군데군데 몇 명씩 몇 명씩 모여 있고, 이렇게 텐트 쳐 있고…. 거기에 이제 아이들이 나와서 옷을 갈아입는 곳이라 그래서 옷을 갈아입고. 그리고 선생님이 이렇게 모포를 둘러쓰고 있고 그래요. 그래서 막 찾았어요, 찾았는데… 아이들이, 이제 제가 이제 학교 다니면서 보는 애들이 있었잖아요. 그래서 경빈이 못 봤냐고 그랬더니 "아, 경빈" 아마 누가 알 거라고, 누가 알 거라고 그러면서….

나중에 봤더니 B가 있는 거예요. 그랬더니 얘기도 안 하고 막 이러고 있는 상황에서 안경도 없어요, 안경도 쓰는데. 그래서 "어, 니가 안경을 벗어가지고 잠깐 못 알아봤다"고, "경빈이 어디 있냐?"고 그랬더니 그 얘기를 하는 거예요. "마지막까지 게임을 하고 있었는데, 저는 밧데리[배터리]인가 그것 때문에 방에를 잠깐 들어갔던 상태였고 얘는 거기 남아 있는 아이들과 게임을 계속하고 있었"대요. 그리고 "분명히 선상에 있었"고. 그러고 저[그 아이]는 들어갔다 나오는 단계[상황이었]였대요. 그래서 담임선생님하고도 얘기를 했는데, "어머니, 경빈이 선상에 있었다고 하는데, 그러면 나왔든가 다음 배에 나오고 있을 거예요" 그러는 거예요. 그래서 다음 바지선에, "나머지 사람들을 다 구해서 타고 나오고 있다"고 계속 얘기를 했거든요, 저희한테도. 네. 그래 가지고 그렇게 알고 있다가…. 솔직히 그렇게만 믿고 있었는데…. 막 밖에 나와서도 기다린 거예요.

그리고 교감선생님이 살아 계셨잖아요. 교감선생님을 태우러 헬기가 들어갔대요. 무슨 얘기를 들어야 되니까. 그래서 헬기가 들어올 때마다, 위에 그 언덕이 있어요, 체육관 위에. 거기를 올라갔다 내려왔다, 올라갔다 내려왔다, 다리가 풀려가지고 다리를 붙들면서도 이렇게 뛰어갔다 내려오고 그랬었는데… 아무도 안 내려요. 헬기는 들어오는데 왜 안 내려오냐고. 그래서 다시 갔다가 또 버스가 이런 게 들어오면 또 찾아본 거예요. 그래서 조끼 입으신 분들한테, 약간 좀 형광색 띠는 노란색이에요. 그래 가지고 물어봤어요, 계속. "아니, 버스가 들어온다는데 왜 안 와요?" [하고 물었더니] 모른대요.

그리고 하다가 하다가 한 5시인가 돼서 "도대체 왜 안 들어와요?" 그랬더니 모르겠대요. 그래서 "아니, 도대체 거리가 얼마나 되길래 배에 실어가지고 온다고 그러더니 왜 안 와요?" 그랬더니 "아마 섬마다 다 이렇게 구조해 놓은 그 아이들을 다 이렇게 모아서 모아서 오기 때문에 시간이 좀 걸릴 거예요" 그러는 거예요. 그래서 "아, 그래요?" 그러다가 그래도 안 들어오니까. 그래서 계속 물어물어 해가지고, "아니 도대체 얼마나 걸리길래 안 오냐"고 그랬더니 어떤 분이, "아, 배에서 태워가지고 나오는 시간이 아마 한 30분 정도 걸리고, 그리고 버스를 타서 나오는 시간이 30분 정도 걸리면 [이동하는 시간] 짧으면 50분이고 길면 1시간"이라는 거예요. "근데 왜 안 와요?" 그랬더니 그건 모르겠대요.

근데 7시 돼서 제가 이제 진짜 시간을 계속, 아이 기다리면서

경빈 엄마 전인숙

시간 보고 물어보고 물어보고 했으니까 정확히 7시 된 거 같아요. 59분 됐을 때, 다시 제가 밖에서 물어봤어요. "도대체 왜 안 나와요?", "아니 제가 그 시간에 아까부터 물어보고… 1시간이 벌써 3, 4시간 된 거 같아요. 근데 이렇게 오래 걸릴 수가 있어요?" 그랬더니 하는 얘기가 "그곳에는 배나 이런 게 하나도 없"대요. 123정, 그때는 123정이라고도 얘기를 안 하고 그 밖에 있는 사람들이 "큰 배 하나인가밖에 없는 거 같구요. 헬기도 하나밖에 없는 거 같아요. 구조 안 하고 있구요. 아무것도 안 하고 있다"고… 그제서야 얘기를 하는 거예요. 어이가 없잖아요. 그렇게 [구조를] 하고 있다 그래 놓고는….

그래서 체육관에 들어갔더니 체육관에서 맨 앞에서 방송을 하고 있는 거예요. 근데 되게 웃긴 게 분명히 그때까지만 해도 "몰라요 몰라요" 했던 사람들이잖아요. 어딘가에서 지시가 내려와서 [자기들은] 아는 거잖아요. 근데 밖에 있는 사람, 안에 있는 사람 [모두] 모른다고 해놓고 어떻게 그렇게 똑같은 얘기를 하는지 저는 이해가 안 가는 거예요, 그게. 아직까지도 이해가 안 가요. 그러니까 철저하게 우리는 [그때부터] 속아왔었던 거고….

그리고 그 안에는 뭐 "'사복경찰이네 국정원이네' 있었다"고 얘기했잖아요. 이미 우리는 그때부터 농락을 당하고 있었던 거예요, 정부에서[정부한테]. 근데 그때만 해도 저희가 진짜 아무것도 모르고 싸우면 싸우는 대로, 저리 끌리고 이리 끌리고, 막 애들 기다리느라고 그랬던 상황이었잖아요. 근데 저는 더 신기하게 느꼈던 게 뭐냐면, 한 5시 넘어서인가? 4, 5시 넘어서였던 거 같아요. 갑자기 학생들하고 선생님들이 없어졌어요.

면담자   어, 생존 학생들이요?

경빈 엄마   네. 우리가 뭘 물어보고 뭔가를 할 수 있는 방법은 거기밖에 없었거든요.

면담자   네, 최소한의 정보를 얻을 수 있는 곳이었겠죠.

경빈 엄마   없어졌어요, 순간. 근데 그때만 해도 선생님이 계셨고, 그 뒤에 연세가 계신 분이 계셔서 그 선생님의 엄마인 줄 알았어요. 그리고 자기가 가진 핸드폰을 줘서 보낸 거예요. 그래서 그때만 해도 핸드폰 번호를 제가 가지고 있었거든요. 그래서 연락을 했었고 입력할 그것도 없었고… 그냥 엄마였었는데…. '아, 저 선생님의 엄마는 어디 사시길래 벌써 와 계시지?' 그게[그런 마음이] 있었어요, 저는. 그랬었는데, 그 선생님이 어, 선생님이었다 그러더라구요.

면담자   그분도 선생님이셨다구요?

경빈 엄마   두 분 계셨잖아요. 저희 선생님은 졸업하고 간[부임한] 지 얼마 안 됐기 때문에 되게 젊었고, 그 선생님 같은 경우는 좀 연세가 있으셨어요.

면담자   아, 좀 경력 있으신 분이었구나.

경빈 엄마   두 분이 계셨더라구요. 근데 선생님이었던 거예요.

면담자 　　나이 드신 분이랑 젊은 분, 둘 다?

경빈 엄마 　　근데 다, 다…….

면담자 　　어디론가 사라지셨다구요?

경빈 엄마 　　네, 네. 그래서 그 당시만 해도 학교 선생님들, 시청 직원들 얘기를 하다 보면…, [이렇게] 얘기를 해요. 자기들은 "그 자리에 계속 있었다"고. 없었거든요. 그리고 나서 그 선생님들하고 학부형들하고 차를 타고 내려왔어요, 버스를 타고.

면담자 　　단원고에 모여서 같이 버스 타고 내려오신 분들이요?

경빈 엄마 　　네, 내려왔는데 분명히 제가 아는 바로는 지시가 내려갔대요, 선생님들한테. "학부모들 피해라" 그 얘기가 들어갔다는데…. 저는 솔직히 그냥 들은 얘기이기 때문에 확실하게 그렇게 했다는 건 모르겠어요. 근데 그런 얘기가 들릴 정도면… [실제로 무슨 지시가 있었던 건 아닌가 싶어요]. 그리고 거기에 부모들이 있고 그런데 어떻게 그 공간[진도체육관]을 비우고 없어질 수가 있냐? 저는 그거예요. 적어도 저희가 부모라고 생각하고 아이들을 맡기고, 그리고 "안 간다"는 아이들마저도 자기들이 "잘 데리고 갔다 오겠다" 그래서, 안 간다는 애들까지 데리고 갔잖아요. 근데 돌아온 상황도 아니에요. 아이들이 돌아오지 못하고 실종이 되어 있는 상황인데, 저는 정말 이해가 안 가는 거예요.

면담자 　　학교 버스가 오기 전에 진도체육관에 경빈이 어머니처럼 개별적으로, 자기 차로 온 어머니가 어느 정도 됐어요?

경빈 엄마   모르죠. 그때만 해도….

면담자   아, 누가 누구인지도 서로 몰랐던 거죠?

경빈 엄마   어떤 사람이 부모인지도 모르는 거죠. 그전에 학부모회라든가 총회 나왔던 부모들 외에는 모르는 거예요.

면담자   그랬겠네요. 누가 뭐 경찰인지 부모인지….

경빈 엄마   그 전에 키 작고 약간 조금 이렇게 되신 분이 막 소리치고 뭘 던지고 이랬을 때 '아, 부모니까 저렇게 하겠구나' 그랬었는데 나중에 알고 봤더니 부모가 아닌 거예요. 저희는 당연히 부모일거라 생각을 했었고. 그 사람들이, '부모들이 와서 저렇게 하고 있겠지' 이렇게 [생각]했었는데 아니었던 거예요. 그니까 그 안에 보면 1시네, 2시네 해가지고 계속 얘기하시는 분들이 있잖아요. 근데 솔직히 그분들이 부모였는지를 모르는 거예요, 못 봤기 때문에. 그래서 얘기하다 보면 '어, 나도 저때 거기 있었는데…' [하는 생각은 드는데 기억이 잘 안 나요].

면담자   아, 어머니께서 기억하는 거랑 앞뒤가 잘 안 맞나보네요.

경빈 엄마   네. 그거죠. 그래서 이제 그 얘기가 나오면서 "그래, 저때는 나도 거기 있었다"고… 그러면서 얘기가 되는데….

면담자   어머니께서 아까 거기서 7시까지 경빈이는 어떻게 됐는지 상황을 물어보고 확인하고 그러셨다고 했는데, 그러는 동안 내려간 가족들이 뭐 요기라도 좀 했어요?

경빈 엄마   아, 네, 먹는 거요? 어…, 아예 못 먹었죠. 그래서 거의 보면 저 같은 경우는 올라와서도 한 달 넘게 그랬던 거 같아요. 그래서 장이 꼬인다 그러나요, 안 먹으면…. 그래서 병원을 갔다온 적도 있고…. 근데 이제 '아, 나는 지금 병원에 누워 있을 시간이 없다'고. 근데 그때만 해도 나는 내가 뭘 하고 있는지, 이게 현실인지 아무, 그것도[생각도] 없고…, 약만 받아서 나와가지고, 추모관 갔다가 분향소 갔다가 분향소 가서 서명받고, 거기 서서 같이…. 근데 이제 그 안산에서 그 단원고….

9
혼비백산해 있는 가족을 정치적으로 이용한 정치인들

면담자   잠깐 그날로 돌아가서, 그래서 경빈이는 그날 나왔잖아요. 그때 그 상황을 한번 얘기를 해주세요. 7시부터 11시쯤 나와서….

경빈 엄마   저희가 진짜 부모들하고 같이 진짜, 지금은 이렇게 양반다리를 하고 앉아 있지만, 그때는 진짜 무릎을 꿇고 기다렸어요. 제발 좀… 아, 빨리 연락이 왔으면… 경빈이 찾았다고 [연락이 오면 좋겠다 그 생각만 하면서] 그걸 기다리고 있었는데…. 그러면서 막 먹을 것도 갖다주고, 이불도 갖다주고 막 누군가가 가져다주잖아요.

그 전에 그 체육관에 상황이 어떤 상황이었냐면, 지금 7시부터 얘기를 하라 그러잖아요. 어, 4시 넘어서 한 5시 그사이인가? 아마 시간이 그사이일 거예요. 근데 처음에 안철수랑, 안철수 의원하고 그 누구죠? 머리 하얀, 김한길이…. 그 둘이 오는데, 와서 악수를 하고 다녀요. 악수를 하고 다니고, 진짜 두 사람이 오다 보니까, 밑에 바닥에 부모들이 앉아 있고 그러잖아요. 그냥 [앉아 있는 부모들을] 치거나 말거나 신경도 안 써요, 오로지 사진 찍고 이러느라고…. 혼비백산해 있는 가족들은 신경도 안 쓰는 거예요. 근데 그 자리에 와서 악수를 청하고. 어떤 부모가 웃으면서 거기에서 악수를 하고 있겠냐구요? 그랬더니 그때 또 하나 왔었잖아요. 정몽… 구? 그 현대인데….

면담자　　　정몽준이었어요?

경빈 엄마　　　네(웃음). 제가 이름이 약간 좀 그래서, 이름 외우는 게, 정말. 그때가 막 그 투표 얼마 안 남았을 때였잖아요. 그 자리까지 와가지고 포토라인을 해야 하냐구요? 포토라인을…. 그래서 부모들이 막 물병 날아가고 이랬었는데. [우리보고 뭐 미개하니 무식하니 뭐 그때부터 얘기가 돌았고. 그러고 나서 가족들이 솔직히 그 상황이 어떤 상황인지 다 알잖아요. 가족들이 "도저히 이 상황은 못 참겠다". 그래서 가족들이, 아마 가족들이 고소를 했던 계기

66

경빈 엄마 전인숙

도 [그러한 참을 수 없는 상황에] 있었던 거 같아요. 그런 사람들한테 어떻게 그렇게 함부로 얘기를 할 수 있는지, 그런 사건, 상황도 있었구요.

그리고 저희가 무릎 꿇고 간절히 기도하면서 그렇게 빌 때, 아, 저희 딸이… 아빠가 막 울면 등을 막 쓰다듬으면서…. 그때 아마 이미 내려갈 때도 한번 얘기를 했던 거 같아요, 울 때…. "아빠 걱정하지 마, 오빠 올 거야" 그랬거든요. 그리고 나서 그때 내려가서도 그러더라구요. 막 울면서 "아빠, 아마 오빠가…" 그때는 아마 시간도 정확히 얘기했던 거 같아요. "한 6시 몇 분쯤 되면 오빠 올 거야" 그렇게 얘기를 하는 거예요. 그래서….

면담자   예예. 경빈이 동생 이름은 뭐예요?

경빈 엄마   ○○예요. 그래서 그냥 애가 얘기를 하니까, 아휴, 엄마, 아빠를 애가 또 위로를 해준다고 그러는구나. 자꾸 우니까, 애 앞에서. 자꾸 울지 말라고 그러는데도 너무 우니까, 애 앞에서…. 그래서 그러지 말라고, 그러지 말라고 그래도 안 되니까. 그랬더니 애가 그 얘기를 해요. 그래서 차마 진짜 잘못될까 봐서라도 울지는 못하겠고, 무릎 꿇고 계속 손을 모으고…. 진짜 그때는 제가… 아까 종교가 있냐고 물어보셨을 때, 종교에 대해서 그렇게 [생각을] 안 했었잖아요. 근데 그때는 진짜 하나님, 부처님, 뭐 천지신명님, 뭐 산신령님 다 찾아가면서 그렇게 기도를 했는데…. 음, 그리고 '아이들한테 반드시 기적이 있을 거다' 그렇게 [생각]했었는데… 결국 기적이라는 거는 이루어지지 않았잖아요.

면담자   기적이 그런 거 같아요. 우리가 아이들을 돌보잖아요. 근데 때로는 그런 어린아이들이 어른을 돌보는 마음, 그런 손을 내미는 거, 그런 거 같아요. 어린 동생이 아빠를 위로하는 거처럼요. 사람에게 실망을 하지만 그렇게 사람이 사람한테 마음을 내미는 게 기적이지, 세상에 기적이 있겠어요? 그죠?

경빈 엄마   그래서, 차마 그 엄마들도 많이 알고 그러는데 아는 척을 제대로 못 하겠더라구요. 근데, 그때 회사를 같이 다니던 사람도 있었고 그리고 학교에서 활동하는 엄마들 몇 명만 서로 "이제 어떻게 됐냐, 빨리 왔으면 좋겠다" 이런 상황에 있었는데…. 제가 여기서 [이름을] 얘기는 안 하겠지만 그때 그 상황에, 안산에서 의원을 하시던 분이 계셨어요. 근데 분명히 학교에서 몇 반 대표직을 맡겠다 이런 얘기를 했었고…. 그분을 진도에서 만났는데, 정말 저 사이드에 팔짱을 끼고 그리고 지켜보고 계시길래, "애기 어떻게 됐어요?" 그랬더니 나왔다는 거예요. 근데 적어도 안산의 의원이고 그러면 이리 뛰고 저리 뛰고 노력하는 모습을 보여줘야 하는데, 팔짱을 끼고 있는 모습을 본 거예요. '뭐지? 그래도 우리는 힘이 있는 사람이 필요한데, 적어도 우리가 그냥 학교에서 학부모로 이렇게 와 있는데, 그래도 적어도 의원이면 우리보다 힘을 쓸 수 있고 큰 소리를 칠 수 있고, 뭐라도 더 지시를 내릴 수 있는 위치에 있는 거 같은데 어떻게 저러고 있지?' [하는 생각을 했어요]. 그러면서 굉장히

경빈 엄마 전인숙

제가 그분한테 실망을 했어요. 지금도 저[는] 그 사람, 그분 잘 안 쳐다보는데, 아, 정말 너무하는 거 같더라구요.

그래서 그 상황에 저희가 6시쯤 되어서 배를 하나 진도로 띄웠잖아요. 근데 그때만 해도 가족들이 "돈을 걷어서라도 들어가자. 무엇을 하고 있는지 가족들이 좀 보자" 그래서 처음, 배로는 안 들어갔어요. 안 들어가고 저희도 이제 얘기를 한 게 뭐냐면 가서 일을 안 하면, "왜 일 안 하냐? 일 당장 해라" [하고 따지고], 그리고 "목소리를 낼 수 있는 사람을 보내자" 그래서 남자들 위주로, 일을 하실 수 있는 분들 위주로 좀 보내자고. 그래서 첫 배에 그렇게 나가셨는데….

그때 해수부에서 일하시는 사람들이 브리핑을 하러 왔을 때, 브리핑을 하고 다 가야 하잖아요. [그런데] 가족들이 "못 보낸다, 다 못 보낸다, 일할 사람은 가고 우리가 믿을 수 있게 남아라" 그래서 두 사람인가 남았을 거예요. 두 사람 남아 있고, 제가 생각하는 사람 중에 하나가 이주영 있었잖아요. 그러면서 진짜 멱살도 잡혔죠. 당연히 해야 될 사람들이 너무 안 하니까. "지시해라"[고 요구했죠]. 근데 얘기할 때마다, 계속 "전화해라, 해라" 했을 때, 얘기 막 했을 때 부모들이 지시하라고 그러면 "지시한 대로 하세요"만 하는 거예요. 그리고 나서 끊으면 "제대로 안 한다고. 지금 우리가 요구하고 있는 거 하라고. 왜 지시 안 하냐?" 그러면 그냥 "그렇게 지시하는 대로 했습니다. 지시 내려오는 대로 계속 지시하고 있습니다" 이 얘기만 하는 거예요. 그 지시가 뭐냐고 얘기를 해도[물어도] 얘기를 안 해요.

면담자   그 사람이 했다는 지시가, 자기 위에서 내려오는 지시를 하고 있다는 얘기죠?

경빈 엄마   계속 그런 일이 반복이 됐었고…. 도저히 얘기를 안 해주고 "지시한 거 얘기를 하라" 그래도 안 하고 그러니까, 저희가 이제 현장에 나가 있는 분들하고 전화 연결을 했어요. 전화 연결을 했는데…. 이 사람은 안 된다 그러고 저 사람은[도] 안 된다 그러고…. 이러다가 나중에 이제 빛나라 아빠랑 연락을 하게 됐어요. 그래서 스피커를 틀어놓고 "지금 뭐 하고 있냐?" 그랬더니 "아무것도 안 하고 있다" 그러는 거예요. "아, 이 새끼들이 뭐 하라 그래도 안 하고 있고, 아무것도 안 하고 있다"고. "잠수부원들 몇 명밖에 안 보인다"고. 그렇게 몇백 명 있다는 사람들이 몇 명밖에 없대요, 민간 잠수사들. 그리고 그 사람들 또한 못 들어가게 한다는 거예요. "아무것도 하지 말라" 그러는 거예요. 그래서 "그러냐?"고. "안 되겠다"고. 그래서 그때 거기서 이제 불렀어요. 〈비공개〉 "우리가 들어가서 우리가 하자. 이렇게 안 하고 있다는데, 우리가 여기서 기다리면 뭐 할 거냐? 그리고 나중에 가서 이런 상황까지 벌어졌는데 우리가 아무것도 안 하고 있다는 게 말이 되냐? 가자". 그래서 두 번째 배로는… [우리도 들어간 거예요]. 그래서 두 번째 배를 빌린다고 하고 저희도 들어간다고 한 게 10시예요.

경빈 엄마 전인숙

10

4월 16일 저녁, 어수선하게 마주한 아들의 죽음

경빈 엄마　　　10시쯤 됐을 때 모르는 번호로 전화가 왔어요. 그래서 누구시냐고 그랬더니, "아, 제가 선생님인데 어머니, 경빈이를 확인을 해야 할 거 같"대요. 체육관에서 들어갈[배 타고 나갈] 사람들 취합하고 그러고 있는데…, 들어가는 찰나에 전화가 온 거예요. 그래서 전화가 왔는데, "경빈이를 확인을 해야 할 거 같다"고 그래서 "어디신데요?" 그랬더니 "체육관"이래요. "저도 체육관인데 저 지금 앞에, 앞에 지금 나와 있다"고. 근데 "어디시냐?"고 그랬더니 "앞에, 자꾸 강당 안에 보면 문을 열고 들어가면 있다"고…. 그래서 [앞을 봤는데] 앞에 계신 분이 누군지를 몰라요. 누군지는 모르겠는데, 제가 그분을 불러서 "혹시 이분이 나한테 전화가 왔는데 자꾸 앞에 있다고 그러고, 문에 있다고 그러는데 어디를 얘기하는지 모르겠다" 그랬더니 "잠깐 바꿔주세요" 그래서 봤더니, 누구시냐고 그랬더니 선생님이라 얘기를 했나 봐요. "당신이 선생님인지 우리가 어떻게 아냐"고 "나오시라"고 그랬더니… 서로 막 얘기를 하는데…, "우리가 체육관 지금 앞에 무대에 있다"고, 무대에 있는데 왜 못 알아먹냐? 체육관에 있다면서?" 막 그랬더니 바로 옆에 그 선생님[들이 모여 있던] 천막 있잖아요. 거기에서 전화를 하면서도 못 알아먹는 거예요. 그래서 나중에 봤는데 선생님인 거 같아요. 저희도 2학년 총회를 나간 게 얼마 안 되니까 [확실하지는 않지만] 근데 아, 선생님인 거 같아요.

그랬더니 "아, 그래요?" 그러면서 이제 얘기가 되어가지고 그 무대, 그 뭐라 그러지? 그 "천막 있는 데로 가자" 그러더니 얘기를 하는 거예요. "어머니, 지금 목포 한국병원에 가서 경빈이를 확인하셔야 할 거 같아요" 그러는 거예요. 그래서 저희는 그 시간에 당연히 10시면 생존해 있는 줄 알고 "감사하다"고 그러고 뒤돌아서 딱 가는데 감사하다고, "감사합니다, 감사합니다" 하고 나가는데 뒤에다 대고 "어머니, 근데 안 좋은 소식인 거 같아요" 그러는 거예요. 그래서 갑자기, 하아, 아무 생각도 안 나는 거예요. 그래서 그냥 이렇게 뚜벅뚜벅 걸어오면서…. 그냥 이렇게 그 부모들 앉아 있는 자리를… 이렇게, 이렇게 보이는 거예요. 근데 너무 부러운 거야, 저 분들이. 그래서 하아… 나오면서 이제 도저히 끝까지 못 나오고 한 중간 정도 나왔나? 거기서 이제 주저앉아서 그때서 제가 펑펑 울었어요. 그래서 그때 처음으로 펑펑 울었는데…, 그러면서 어머님들이 저를 봤고…. 근데 서로 이제 바라보는 저하고 부모님들의 그 시선이… 저는 너무 부러웠고, 그분들은 '어휴, 저 불쌍해서 어떻게 해?' 그 표정으로다가….

그러면서 이제… 저희가 가족들이 많다 그랬잖아요. 많았는데, 그 뭐 진짜 가족들이 다 [비슷한 시간에] 내려왔더라구요. 다 내려와서 같이 있다가 도저히 차 운전은 못 할 거 같고 그래서 어떻게 가냐고, "큰일 났다. 우리 가야 하는데…" 아빠가 그때는 도저히 운전을 못 하겠다 그러더라구요. "[병원까지] 가야 되는데, 큰일 났다"고.

"어떻게 가냐"고 그랬더니 거기 밖에 계신 분이 "119를 타고 가라" 그래서 이제 119를 타고 움직였어요. 움직였는데, 처음에 간 게 진도 목포병원이 있대요. 그래서 처음에 간 게…, [진도 목포병원에] 내려주니까 거기가 거기인 줄 알았죠. 거기 가서 아빠가 처음에 응급실 그리로 갔어요. 그래서 "거기를 왜 가냐?" 그랬더니 혹시 몰라서 여기를 찾아본다고, 거기를 들어갔어요. 그랬더니 "거기가 아니라는데, 거기를 왜 들어가냐"고 그러면서 하, 영안실을 갔는데 이제 오빠들하고 말리더라구요. "가지 마라, 너는…" 근데 계속 기다렸을 거 생각을 하니까 안 갈 수가 없었고…. 그래서 "엄마가 아니면 누가 볼 거냐"고 그러고…. 이제 "엄마, 아빠를 얼마나 기다렸을 거냐"고, "가야 되겠다"고.

그래서 안에를 들어가려고 했더니 기자들이 앞에서 막 그냥 앞에 쭉 서 있더라구요. 그래서 찍지 말라고, 카메라 치우라고, 그래 가지고 기자들하고 실랑이도 많이 했는데…, 갔는데 없는 거예요. 그래 가지고 "왜 없냐고, 확인하라고 해서 왔는데…" 그래서 이름을 아무리 불러도 없는 거예요. 그래서 여기 어디냐고 그랬더니 진도래요. 그래서 "나는 분명히 목포로 들었다" 그랬더니, 확실하냐고. 그래서 "나는 분명히 목포로 들었다" 그랬더니, 아, 그럼 여기 진도니까 목포가 따로 또 있대요. 분명히 목포라고 그랬는데 목포를 못 들어가고 이쪽으로 오냐고. 그래 가지고 다시 또 이제 목포로 나갔어요, 그래서 목포로 나가서 거기 가서도 똑같은 현상인 거예요. 아빠는 응급실로 갔고 저희는 영안실로 갔고….

면담자　　　혹시나 살아 있을까 싶어서 아빠가 계속 응급실 쪽으로 갔던 거예요?

경빈 엄마　　　예. 그래서 갔더니 또 기자들이 앞에서 그러고 있었고…. 그러면서 아마 그러면서, 아빠가 그 당시에 그때 병원에 있던 분들하고 마주치기는 했나 봐요. "경빈이 아빠를 봤다"고 하는 분들도 있었어요. 그래서 영안실을 갔는데, 그때 기자들이 있어서 "기자들 나가라"고, "그래야 들어가겠다", 이제 그런 상황이었는데, 그래도 찍더라구요.

근데 들어가서 봤는데, 애가 너무 아무렇지도 않게 그냥 입술만 까매 가지고 그러고 누워 있는 거예요. 옷도 하나도 없고, 그렇게 추운 데서 나왔다는데…. 그래서 너무 아무렇지도 않으니까, 정말 그 안에 관계자처럼 보이는 사람한테 무릎을 꿇고 그렇게 빌었어요. 애 제발 안에 들어가서, 그 뭐라 그래요, 그 심장 그 뛰게 하는 거, 그 심장 충격이라도 한번 해주고. "더도 안 바라겠다, 제발 그거 한 번만 해주면 안 되겠냐?" 그렇게 하는데도, 알겠다고 가면 안 오고, 알겠다고 가면 안 오고…. 어휴, 그래 가지고 나중에는 그만하자고… 그렇게까지 했는데. 안에 들어가서 봤는데도 너무 멀쩡하니까. 그래서 당장 올라가고 싶었던 거예요. 애가 너무 추웠을 거 생각하니까. 근데 바로 올라갈 수가 없어서 새벽에 올라오기로 하고 이렇게 했는데….

경빈이 사망 시간이 두 개예요. 내가 분명히 올라올 때 뭐 119도, 119 [구급]차도 거쳤다고 했었고, 병원도 두 군데로 거쳤다고 하는데 모르잖아요. 그래서 저희가 알아보러 다닌다고 병원에 가서 물어봤더니, "해양경찰청에 가서 물어보는 게 빠를 거다" 그래서 갔어요. 갔는데, 119로 가라, 119 구급대로 가라, 그래서 갔는데 다 또 모른다는 거예요. 그래서 다시 또 모른다 그래서 병원으로 왔다가 병원에서 또 얘기를 하다 보니까, "아 그게 그런 거는 해양경찰청이 빠를 거다" 그래서 다시 또 갔다가 거기를…. 삼촌하고 큰아빠랑 해서 세 분이 돌았어요. 한 세 바퀴를 돌았는데, 돌고 나니까 이제 새벽 5시 정도 됐어요. 그래서 더 돌 수는 없고, 그냥 저희들끼리 "아, 거기서 나와서 이렇게 옮겨서 이렇게 왔으면 시간이 어느 정도 됐겠구나" 저희끼리 그냥 추정만 하고 올라왔어요. 아무도 안 알려주니까. 그렇게 해서 저희는 올라왔고….

면담자   아, 그럼 경빈이 사망 시간을 정확하게 모르는 거네요.

경빈 엄마   네. 그래서….

11
아들을 데리고 안산으로 올라옴

면담자   그때 올라올 때는 어떻게 올라왔어요?

경빈 엄마   올라오는데 새벽에 [그쪽에서] 앰불런스를 타고 가래요. 근데 앰불런스가 냉동 이런 게 하나도 안 되잖아요. 그래 가지고 원래 죽으면 그 위에 눈물이나 이런 게 묻으면 안 된다 그러잖아요. 그래서… 왜 그랬는지는 모르겠지만, 저희는 그냥 작은 아빠가 태워주는, 운전하는 그 차를 타고 올라왔구요. 그리고 이모랑 이모부가 앰뷸런스를 타고 경빈이랑 같이 올라왔어요.

근데 이제 아무 장치도 안 되어 있는 그 차로 올라오다 보니까…, 그리고 이모, 이모부가 참 힘들었다 얘기를 하더라구요. 그것도 누가 이렇게 얘기를 해주는 것도 아니고. 저희끼리 아무래도 엄마, 아빠는 안 될 거 같고, 차라리 이모, 이모부가 타고 가는 게 나을 거 같다. 저희들끼리 얘기를 하고 있었고. 그렇게 경빈이랑 있는데도 그냥 그거 있잖아요. 망치로 한 대 얻어맞은 느낌. 도저히 내 일 같지가 않은 거예요. 그냥 오히려 누가 울면 울지 말라고 그러고 있고. 진짜 뭔 정신으로 그렇게 했는지도 모르겠고…, 그러고 나서….

면담자　　　안산으로 와서는 어디에 있었어요?

경빈 엄마　　고대병원이요. 근데 고대병원서도 통화를 엄마들이랑 하면, "지금 언론에서 잘못된 게 계속 나가고 있다"고, 그래서 "사람들한테 그거 아니라고 알려주라"고 얘기를 하는 거예요. "뉴스도 계속 보고 있으라" 그러고. 그래서 봤어요. 근데 솔직히 거기서 일어나는 일 아니면, 우리조차도 뉴스를 보면 어떤 게 진짜 문제인지 모르잖아요.

면담자　　　그렇죠, 네 그럼요. 국민들도 그랬고요.

경빈 엄마 전인숙

경빈 엄마   네. 어떠한 상황이냐고 또 물어볼 데도 없어요. 그러다 보니까 그냥 그런가 보다 했어요. 그리고 누구한테 물어볼 상황도 아니니까. 그런데 [그렇다고] 거기에서 자식들 기다리고 있는 부모들한테 "여기서 이렇다 그러는데 이게 맞냐", 이렇게 물어볼 수도 없고, 그런 상황인 거예요. 그냥 보고 하, "진짜 저랬어? 진짜 저렇게 나쁜 놈이 있어?" 같이 욕을 하다 보니까. 어느 날은 또 전화 와서 그게 아니라고 막 이래요. '아이, 뭐지?' 이렇게 되는 거예요, 계속. 그렇게 되면서 이제 어떻게 하다가 어떤 분들하고 [병원으로] 경빈이 찾아와 준 분들하고 얘기를 하다 보면, '아니, 근데 왜 안 왔지? 왜 안 왔지?' 그런 생각을 하면서, 그런 생각도 들잖아요. 근데 내가 그때 못 본 거 같은데 다 왔다는 거예요.

면담자   잠수사분들이요?

경빈 엄마   아니, 아니, 여기 지인분들이 아는 분들이…. 근데 다 [나를] 보고 인사를 한 거예요. 예, 인사를 했는데 기억이 없는 거예요. 그래서 거의 일주일에 한 네 번, 다섯 번 왔다 갔다 한 그 친구가 이렇게 얘기를 하더라고. "기억은 나?" 그래요. 자기가 몇 번 왔다 갔대요. 그래서 "언제 왔다 갔지?" 그랬더니 "거 봐" 그래서, "어, 내가 와서 손도 잡고 얘기를 하고 누구랑 와서 얘기를 하고" 그런 얘기를 다 하는데 기억이 안 나요, 기억이 안 나고…. 아마 마지막 나오기 전날 왔었던 거 같아요. 근데 그날은 얘기를 하다 보니까 생각이 나는 거야. "아, 그래 그때는 왔던 거 같다" 그랬더니 "하긴 뭔 정신이 있었겠어" 그러더라구요. 그래서 약간 조금 그 얘기를 하다 보니까. 아, 이래서 기억상실증이라는 얘기가 나왔나? 그래서 그랬던 거 같아요, 진짜.

그래 가지고 이전에 제가 그, 세월호 참사 나고 그 당일 날, 16일 날, 저희 내려가기 전에 사무실에 저희 팀에, 너무 깊숙이 들어가면 될지 안 될지 모르겠는데, 목포 해경들 있잖아요. 해경들이 목포로 파견을 나가서 그때 그, 대기하고 있었던 해경들 있잖아요. 그 안에, 우리 팀원 중에 신랑이 있어요, 그 안에. 나가 있다 그러더라구요. 나가 있다 그래서 가서 제발 빨리 이 아이들 좀 찾아보라고, 저희는 어떤 상황인지를 모르니까. 붙어 있는지 떨어져 있는지, 들어가서 하고 있는지 대기를 하고 있는지 아무도 모르잖아요. 당연히 그 상황이면 다 들어가서 일을 하고 있을 거라는 생각을 하잖아요. 그래서 그거예요.

당연히 거기 가서 일을 하고 있을 거란 생각을 하고 "아이들 좀 찾아봐라" 이렇게 얘기를 했었던 건데…. "언니, [구조하느라 긴박한 상황이면] 전화도 못 받아야 하는 상황인데" 자기가 하니까 몰래 받고 있대요. [상부에서는] 전화 일절 다 못 받게 했대요. 그리고 지금 상황에 대해서 마누라가 되었든 뭐가 되었든 얘기하지 말라 그랬다는 거예요. 그런 상태였었던 거고, 그 상황에. 그걸[아이들 구조는 어떻게 되는지] 얘기 한번 해보라 했을 때, 그때 들려오는 얘기는 대기를 하고 있으라고 얘기를 했대요. "그냥 무조건 대기를 하고 있어라". 그래서 그거밖에 없었던 거예요.

경빈 엄마 전인숙

그러고 나서 12시가 넘었는데 전화가 왔어요. 계속 그렇게 전화를 하다가 이미 우리는 상황이 그렇게 됐잖아요. 그래서 전화가 왔는데 "됐다" 그랬더니, "어?" 그래서 "경빈이 나왔다" 그랬더니 "어? 진짜 나왔어?", "아니, 끊자, 지금 안 좋은 상황이니까 끊자" 그랬더니, "알았어, 언니. 올라오면 보자" 하고 끊었는데, 하, 그때만 해도 손 쓸 수 있는 사람들이, 그 사람들이 다일 거라는 생각을 했고 그게 너무 기대를 했었잖아요. [그런데] 아무것도 안 하다 보니까 솔직히 얘기하기도 싫었고 다 싫었던 거예요. 그렇게 손이 갈 수 있었던 상황이었는데 도움의 손길을 안 줬다는 것이 너무 싫었었는데….

지내다 보니까 이게 애초에 처음부터 참 국정원부터 사복경찰부터 이런 게 막 있었고…. 제가 영업을 하면서, 연예인들 있잖아요. 뭔가를 덮기 위해서 연예인들 이용하고, 그리고 경제가 죽고 있었다는 거는 알고 있었거든요. 내려가면서도 계속 얘기를 했었거든요. "다른 거는 진짜 다 필요 없고 정말 억울하게 가지만 않았으면 좋겠고 제발 큰 사건에 연루만 되지 않았으면 좋겠다" 이런 얘기를 제가 몇 번 했어요. 아빠가 얘기할 때는 "에이, 설마 그러겠냐고…" 그렇게 얘기를 하고 갔었어요.

12

4·16 이후 투쟁 속에 골병 든 심신, 휘청이는 일상

경빈 엄마　　저희가 올라오고 세월호 참사 100일째 되는 날 도보하고 올라갔잖아요. 도보하고 올라가면서 당일 날 이제 광명까지 걸어서 올라갔어요. 아빠는 얘기하기 그래서 직장을 나왔어요. 직장을 나왔는데, 그다음 날 저녁에, 제가 약간 좀 그렇게 안 보일지는 모르겠지만, 예민한 면이 있어요. 지금은 뭐 다른 데 가서 자고 그런 거 상관없이 하는데, 그전에는 처음에는 막 어디 가서 자고 그런 거 하려니까 힘들어서, "여보, 오늘은 집에서 자고 새벽에 와서 합류했으면 좋겠어" 그래서 회사 끝나고 왔어요. 그렇게 해가지고 집에를 왔다가 아침에 나가야 하는데…, 솔직히 저희가 제대로 먹지도 못했잖아요. 먹지도 못한 상황에서 도보를 하려니까 발가락부터 시작해서 다 아픈 거예요. 그래서 제가 파스를 이 골반부터 해서 밑에까지 다 발랐어요. 밑에 발바닥 이런 데는 물집이 잡혀서 못 붙이고 발등까지 해가지고 붙이고 갔는데…, 아빠가 "회사를 안 가고 같이 도보를 하겠다"고… 그래서 "왜?" 그랬더니 그러더라고. 부모들 있는 데서는 우스갯소리로 "내가 못 볼 데까지 보고 왔는데, [아내가] 파스를 그렇게 덕지덕지 붙이고 가는데 그 꼴을 보고 어떻게 회사를 가냐?"고. 그러면서 같이 도보를 하는 상황인데, 회사에서는 그럴 때마다 빠지고….

　　그 전에는 계속 그런 얘기를 들었던 거죠. "단순한 교통사고인데, 그냥 가슴에 묻어라" 그런 얘기도 스스럼없이 하고. "보험은 얼마나 들어놨냐?", "보상금은 얼마나 탔냐?" 그리고 심지어 어떤 사람들은 내가 이렇게 해서 사고가 났는데 "뭐 얼마 정도가 필요하다", 이런 거를 와서 막 스스럼없이 [이야기]하니까. 상처를 받으면서 회사를 다니고 있었는데…. 그럴 때[세월호 관련한 활동이 있을 때]마다 막 빠지고 그런[사정 좀 봐달라] 얘기를 하다 보니까, 차라리 그럴 거 같으면 도저히 그 상태로는 못 다니겠고. 그리고 그때까지만 해도 자기도 '그냥 사고겠거니' 그렇게 생각을 했대요. 근데 계속 나가서 활동을 하고 있고, 싸우고 있고, 그런데 누구 하나 와서 진짜 사과하는 놈이 없는 거예요. 사과하는 놈이 없고… 그렇다고 해서… 대통령조차도 "다 해주겠다"고 해놓고 정작 뿌리친 거잖아요, 아무것도 안 해주고. 그러다 보니까 '아, 이게 아니었는가 보다' 그래서 자기도 나와서 했었던 거예요. 회사를 못 들어가고….

면담자 　　경빈이 아빠는 그러면 그때쯤 퇴사를 하셨던 거예요?

경빈 엄마 　　퇴사는 아니었고, 그냥 회사에서, 지금 회사가 너무 어려우니까 나중에 일이 많아지고 사람이 필요할 때 와서 해라. 그렇게 얘기를 했었는데…, 안 불러주시니까 도저히 다른 일은 해야겠고. 안 되겠다 차라리 집에서 딸도 봐야 되고 하니까. 이제 둘이 얘기가 된 거죠. 둘이 얘기가 되어서, 차라리 그러면 내가 경빈이를 위해서 밖에서 이렇게 일을 할 테니까 자기는 ○○를 보면서 집에서 일을 잡아라 그랬는데…. 저도 활동하다 보니까 그냥 어느 날

[남편이 나를] 쑥 데려다, 가서 보면 "여기가 [우리] 가게다" [그리고] (웃음), 그리고 무슨 가게인지도 모르고 하다 보면, 주문을 하고 하다 보면 "여기가 당구장이다"(웃음) 그리고…. 대기실에 나오다 보면 아버님들이 "언제 당구장 오픈한다면서?" 그러면 "어, 그래요?", "예? 몰랐어요?" 그리고. 예, 거의 뭐 제가 밖에 나와 있다 보니까 [서로 시시콜콜 의논한 형편도 아닌] 그런 상황인 거고….

면담자   근데 어떻게 경빈이는 16일 날 밤에 나왔는데, 발인은 그렇게 늦었어요? 23일 날 했다고 들었어요.

경빈 엄마   저희가 처음에 올라왔을 때는 분향소나 이런 거 아무것도 안 되어 있었어요. 추모관도 없었고…. 그래서 분향소를 어떻게 할 것이냐 얘기를 했더니 저기 그 체육관도, 그 뭐 와동체육관 있잖아요. 거기도 얘기가 나오고, 어디도 얘기가 나오고, 얘기만 나올 뿐이지 아무것도 작업을 안 하고 있었어요. 그래서 처음에 올라오시는 분들하고 해서, 같이 도와주시는 분들하고 해서 계속 싸운 거예요. 그리고 엄마나 아빠나 거기 계시는 분들이 계시고, 큰아빠, 삼촌, 이모, 작은할아버지들…, 그니까 가족들이 모일 수 있는 단위의 가족분들이 모여서 계속 싸운 거예요. 안산시하고도 싸우고 하다가…. 아이들이 다 들어가려면 어느 정도 좀 규모도 있어야 되고, 그리고 우선은 어떻게 해야 하는데…, 그러면서 추모관하고 아이들 분향소하고… [있어야 하지 않겠냬] 하다 보니까 그렇게 된 거예요.

경빈 엄마 전인숙

그래서 "분향소도 지어야지만 우리 나간다. 그러지 않고서는 우리 안 나가겠다" 그랬는데, 희한하게 그러면서 올림픽기념관도 좁잖아요. 근데 거기라도 우선 급한 대로 거기라도 작업하는 걸 보고 나서야 "우리는 가겠다" 그랬더니…, 아마 그게 작업이 되면서…. 저희가 되게 희한한 게, 그때부터 아이들이 올라왔잖아요, 많이 올라왔잖아요. 그러면서 더 이상 지체할 시간도 없었고, 그리고….

면담자   어쨌든 장례식장 자체도 부족한 상태였던 거죠?

경빈 엄마   언론에서 떠들어대는 거는 "충분히 안산에서 소화할 수 있는데도 불구하고 안 하고, 천안까지 내려가야 된다"[는 식으로]…. 솔직히 저희는 그런 마음으로 왔잖아요. 이 아이들이 얼마나 부모, 엄마, 아빠를 외쳤을 것이며, 그 차가운 데서 나왔는데 그 차가운 곳에 계속 두고 싶은 마음이 없었던 거예요. 내 마음이 이랬는데 올라오는 부모님의 마음도 똑같을 거 아니에요. 그래서 처음에 그런 얘기를 해주시더라구요. 저희 회사에서도 그렇고 장례 치르지 말라고…. "이거는 사고일 수가 없다, 장례 치르지 말라" 그렇게 얘기가 나왔었는데, 그런데 언론에서도 계속 [먼저 나온 아이들이 장례를 치르지 않아 장례식장이 부족하다고] 그렇게 나오는 상황이었고. 근데 그 상황에 우리가 장례를 안 치를 수가 없었던 거예요. 다른 아이들을 위해서. 그렇게 해서 저희는 아이들을 23일 날 보냈던 거죠.

면담자   어떻게 화장이라든가 이런 의식 자체에 대한 거부감은 없으셨어요?

경빈 엄마   어쩔 수 없는 상황이니까. 저희는 그냥 지금도 얘기를 하지만 그냥 뭐, 약간 드라마 속을 걷고 있는 그런 거 있잖아요, 꿈길이라고 생각을 하고. 그니까 내가 어떻게 다녔는지를 모르겠어요. 그냥 누가 그렇게 하라 그러니까 그렇게 다녔던 거 같고. 그[러]니까 내 정신으로는 걸어 다닌 거 같지는 않고…. 저는 지금도 그냥 너무 힘들고 아프고 이럴 때는 제가 아프고 이런 거를 느끼지만…. 지금도 보면, 그냥 내가 아닌 거 같아요. 그래서 어, 아직도 [실감이 안 나요]….

면담자   오늘 인터뷰는 여기까지 하겠습니다.

경빈 엄마 전인숙

2회차

2017년 2월 2일

1
시작 인사말

면담자   본 구술증언은 4·16 사건에 대한 참여자들의 경험과 기억을 기록으로 남김으로써, 이후 진상 규명 및 역사 기술에 기여하고자 합니다. 지금부터 전인숙 씨의 증언을 시작하겠습니다. 오늘은 2017년 2월 2일이며, 장소는 안산시 정부합동분향소 내 불교방입니다. 면담자는 유은주이며, 촬영자는 김솔입니다.

2
경빈이 장례

면담자   경빈이는 4월 16일 밤늦게 그렇게 돌아왔잖아요. 그래서 어떻게 보면 마음의 준비랄까, 그런 시간을 미처 갖지도 못하고 있었는데, 엄마가 아이를 그렇게 만날 거라고는 생각도 못했을 때 그런 상황에서 덜컥 올라왔을 거 같은 느낌이 들었어요. 그러고 나서 안산으로 오셔서 장례 절차까지 거쳤잖아요. 그러고 나서 진도에 있는 학부모들이나 유가족들과 어떻게 연락하며 지내고 지금까지 이렇게 같이 활동을 해오실 수 있었는지, 그 연결 고리가 궁금하더라구요. 그러고 나서 어떻게 지내셨어요, 장례를 치르고 나서?

경빈 엄마   경빈이를 보내고 그냥 집에를 갔는데, 집에를 가도 집 같지가 않았던 거예요. 좀 남의 집에 가 있는 느낌? 남의 집에 가서 누워 있는, 그 불편한… 그런 거 있잖아요. 그런 마음도 들고 이러다 보니까. 솔직히 부모들이 4월 16일 이후에 잠을 못 자잖아요. 잠도 못 자고 이렇게 있다 보니까 '[경빈이] 친구들이 오는데 이러고만 있으면 안 되겠다' 싶어 가지고 장례식을 찾아갔어요, 올라오는 아이들. [아이들이] 올라오면 장례식장에 가서 인사를 하고 그렇게 했었는데, 다른 학부모회 엄마들이 있었잖아요. 진도 상황이나 이런 거를 알려고 그러면 전화를 해서 "거기 상황이 어떠냐? 아이들은 올라왔냐?" 그러고 같이 얘기를 하면서, 그렇게 하고….

그때 당시에는 제일 우선적으로 얘기가 됐던 게, 올라오면 아이들이 다른 병원으로 흩어져 있는 문제. 그리고 추후에 아이들 보내고 그 아이들을 데리고 들어가야 하잖아요, 추모관이나 분향소에다가. 그래서 분향소라든가 추모관은 어떻게 연결을 해서 가야 하는지 이런 거를 안내를 해야 하는데, 이게 좀 미흡해서…. 그때도 지금도 가족들하고 안산에서 일을 하는 분들이 계셨었어요. 그래 가지고 "총무님이 누구고, 거기에다가 연결을 하면 된다" 그렇게 얘기를 하고. 그리고 연락이 좀 힘들 경우에는 병원마다 교육청이나 시청에서 나가 계신 분들이 계시잖아요. 그분들이 안내를 하고 다니시면서 "어디로 갈 것인지 그거를 정해서 알려달라고 그러면 그쪽으로 가면 된다" 그러고 계속 연결은, 계속하고 있었죠.

면담자   아, 여기 안산에 계시면서요? 그니까 그 당시에 경빈이가 몇 반인지는 아셨었고?

경빈 엄마   네.

면담자   그리고 반 모임 자체를 어떻게 해보시지는 않으신 거죠?

경빈 엄마   네.

면담자   그쪽하고 연결은 안 됐지만, 어쨌든 2학년 전체 아이들이 올라왔을 때 각각 어느 병원에 있다가 어디 갈지 안내해 주는 역할을 하신 거네요?

경빈 엄마   우선은 같이 지내던 아이들은 알잖아요. 그 아이들이 올라온다 그러면 그 병원은 찾아가고. 그리고… 경빈이 같은 경우는 고대병원에 있었어요. 고대병원은 2, 3일에 한 번씩 꾸준히 가고 그렇게 했는데…. 처음에는 분향소나 이런 게 아예 없었잖아요. 그래서 일주일 동안 "아이들이 올라와서… 도대체 뭐 하느라 일주일 동안 병원에 있었냐"고 그렇게 말씀하시는 분들도 계세요. 근데 일주일 동안 우리가 아무것도 안 한 게 아니고, 정말 올라와서 경황도 없고 그러던 사람들이 "그때 당시만 해도 분향소, 추모관 이런 거 때문에 그 일을 보러 다녔다" 그렇게 [말]하면서…. 진도에서 올라온다고는 하는데, 언론에서 계속 나오는 게 "아이들이 밀리다 보면 천안까지 내려가야 한다" 이런 얘기가 나왔잖아요, 계속. 그러다 보니까 처음에는 "저희가 [병원에서] 안 나가겠다" 그렇게 하셨던 분들도 있었어요, 고대병원에서. 그런데 저희끼리 얘기를 하면서 "지금 아이들 인원이 많아서 천안까지 내려가야 한다는

89

2회차

데 지금 안 나가다 보면 아이들이 얼마나 안산에 가족들 품으로 오고 싶었겠냐"고, "그런 마음으로 지금 진도 내려가서 다 아이들 데려오고 있는 부모들인데 그렇게 해서 다른 데, 우리 때문에 다른 데까지 간다고 그러면 그건 아니지 않느냐", 그래서 분향소 차려지고, 이러면서 딱 기간이 일주일 텀이 딱 되는 거예요. 그래서 일주일 되는 날 아이들 데리고 나온 거죠.

면담자 연결이 쭉 같이 되는 건데, 그리고 나서 경빈이 어머니는 주로 진도 쪽이 아니라 이쪽 안산에서 안내를 해주고, 일종의 뭐랄까 먼저 겪은 사람의 입장에서 좀 그 연결 고리도 찾아주시고 그러셨던 거네요.

경빈 엄마 그냥 다 그렇게 제가 한 거는 아니고 몇 가족만 그렇게 했는데…. 그러면서 음식을 못 넘기다 보니까 장 트러블이라 그래서…. 아무튼 장이 꼬여가지고 병원에 입원하라 그러는데 나는 내가 왜 입원을 하냐고, 약만 지어가지고 나와서 추모관을 갔다가 분향소 다시 와서 분향소에서 서명을 받고, 늘 그렇게 생활을 했던 거죠. 그렇게 하면서 그때 당시에는 누구의 그 뭐 연결 고리가 될 수 있는 상황… 그런 것도 될 수 없었던 거 같고, 그냥 '저기 가서 서명을 받아야 되겠구나' [하는 생각이 들면] 가서 서명을 받고. 그렇게 하다 보니까 좀 알고 지냈던 분들이 참 많았었죠. "어, 여기 왜 있어요?" 그리고 이제 가족분들 중에서도 "어, 여기 왜 있어요?" 그러면 "여기 왜 있어?" 서로. 그래서 얼굴 보면서 "아, 단원고등학교 친구들의 다 부모였구나" 그러면서…. "어, 난 2학년 4반"이라 그러고, "난 2학년 7반"이라 그러고….

면담자   대통령이 진도체육관을 방문했거나 또는 부모들이 항의 방문을 위해서 청와대 가겠다 그래서 행진을 하시고, 또는 국무총리 왔을 때, 이런 여러 일들이 진도 쪽에서 있었잖아요. 그런 것들을 같이 하실 수는 없으셨던 거죠?

경빈 엄마   그쵸. 진도에서 부모님들을 연결하다 보면 "언론을 보고 있어라" [그래요]. 근데 저희는 TV조차 못 보고 있었거든요. "근데 언론을 보고 있어라, 그런 얘기를 해라", "아니 언론을 왜 보냐고? 나는 TV 못 보겠다" 그랬더니 "언론에서 계속적으로 지금 거짓된 정보가 나가고 있다"고. 근데 "위[안산 쪽]에서 그걸 가지고 [누가] 물어보면 우리가 알고 있는, 제대로 된 사실을 알려줘라" 그런 얘기가 들어오는 거예요, 그때부터.

"어, 이게 뭐지?" 그러면서 뉴스를 보고 이러다 보니까. "어, 저게 아닌데" [싶더라구요]. 그리고 실질적으로 물어보는 사람들도 있는 거예요. "아니, 가족들이 그렇게 인양하고 그러는 걸 반대했었다면서?", "아니다. 우리가 갔을 당시에는 이미 그 배가 침몰하고 몇 시간 후였기 때문에 그때는 인양을 해라, 다 가라앉기 전에 우리는 인양을 해달라, 우리는 살아 있다고도 안 본다, 제발 인양을 해라 그렇게 얘기를 했을 때, 개네들이 우선적으로 처음부터 미뤘던 거지. 우리가 우선적으로 무조건 반대를 한 거는 아니었다"

얘기가 시작이 되어서 하다 보니까 다이빙벨도 언론으로만 봤잖아요. 언론으로만 봤을 때는 정말 그 시각으로 볼 수밖에 없는 거예요.

그리고 우리 부모들이 생각하고 있는, 그니까 이렇게도 생각하고 저렇게도 생각하고 있다는 거를 전혀 몰랐거든요. 근데 부모님들이 올라오고 집회를 다니면서 얘기를 듣다 보니까 "아, 저거 또한 언론에서 일방적으로 내보내 가지고 저렇게 보일 수 있게 만들었구나" 그게 이제 [눈에] 들어오는 거예요. 그러면서 저희가 그렇게 다니면서 집회나 거리에 늘 나가 있다 보니까 올라오시는 부모님들 해가지고 막 같이 알고 지내고. 그때만 해도 그냥 국회 집회를 가고, 거기서 자고 오고 그랬잖아요. 매일같이 출퇴근하듯이…, 버스 타고 올라갔다 내려갔다. 그리고 그때는 청운동, 광화문, 국회, 거기를 수시로 돌아다녀서 했잖아요.

3
진상 규명 활동

면담자 예, 거기서부터 확인을 할게요. 5월 8일에서부터 KBS 항의 방문 했었잖아요. 그건 같이 하셨어요? (경빈 엄마 : 네) 하셨구나. 제가 이제 일지 방식으로 정리된 걸 확인하고, 그다음에 그때 어떤 마음 어떤 분들하고, 또 어떤 목표를 가지고 그 자리에 서셨는지 얘기를 해주시면 돼요. 그다음에 5월 27~29일 국정조사

92

경빈 엄마 전인숙

를 요구하면서 국회에서 2박 3일 농성 그것도 같이 하셨어요?

경빈 엄마   어, 그건 뭘까요?(웃음) 거의 일정을 하는[일정에 있는] 것마다 제가 다 하고 있어서. 그건 뭘까요? 기억이 안 나는데요.

면담자   그다음에 6월부터 아, 특별법 제정을 위해서 천만인 서명운동을 했잖아요. 그래서 거리 서명, 전국 버스 투어하고 여기에도 참여를 하셨었구요?

경빈 엄마   그때는 저희 ○○이 초등학생이잖아요. 그때 제가 장 트러블 있고, 아니 장 꼬이고 막 그런 때라서 그래서 거까지는 못 가고, 그냥 안산에서 주로 안산에서 서명받고 그랬었어요.

면담자   그다음에 7월 12일부터 특별법 제정 촉구를 위해서 국회 농성을 했어요. 예, 같이 하셨었구요. 7월 15일, 350만 명 서명지를 들고 국회 청원을 하러 갔을 때 같이 가셨었나요?

경빈 엄마   그때가 삼보일배 하는 날이었나요, 광화문에서?

면담자   광화문 삼보일배 아닌데요, 이거는….

경빈 엄마   너무 많아요(웃음).

면담자   아, 그래요. 그다음 7월 23, 24일에 특별법 제정 촉구를 위해서 안산에서 광화문까지 도보 행진 이거 하셨고, 그다음 8월 15일 프란치스코 교황님 방문하셨을 때.

경빈 엄마   그날도 있었고.

면담자   예, 그러셨고. 8월 20일 청운동 주민센터 농성. 그다음 2015년 1월 26일부터 2월 14일까지 안산 팽목항 도보 행진….

경빈 엄마   아, 그때는 반끼리 정해서 가는 구간이 있어 가지고, 거기도 그때도 했고….

면담자   구간에? 그다음 4월 4일 2차 삭발식 이후에 아이들 영정 사진 들고 광화문까지 도보 행진, 4월 6일 세종시의 해수부 항의 방문, 4월 16일 1주기 시행령 폐기를 요구하면서 광화문 연좌 농성.

경빈 엄마   어, 그게 뭘까요?(웃음)

면담자   4월 16일. 1주기 때.

경빈 엄마   그러니까. 16일 그때에는 저희가 아마 창원으로 발언하러 갔을 거예요.

면담자   아, 그러셨구나. 그다음 4월 18일 시행령 폐기 집회. 5월 1일 시행령 폐기를 위한 철야 농성. 그래서 안국역에서 캡사이신 물대포 맞고. 9월부터 동거차도 감시단 활동하고 계신 거고. 10월부터 단원고 교실 존치를 위한 피케팅. 아, 11월 14일 민중총궐기대회. 이거는 백남기 농민, 예. 1월 10일 겨울 방학식이에요. 기억과 약속의 길, 여기 걷는 그거 했었죠, 그죠? 4월 16일 참사 2주기 기억식 및 범국민 촛불문화제. 5월 9일 희생학생 제적처리 원상복구를 위한 농성회. 8월 6일 4·16기억교실 기록물 정리. 그때도 같이 하셨어요?

경빈 엄마   그거는 뭘까요?

면담자   학교 정리하고 그다음에 기록물 정리하는 작업을 부모님들이 같이 하신 것으로 그렇게 나와 있네요.

경빈 엄마   그때가 교실, 책상 같은 거 나오고…. 그때는 같이 했죠.

면담자   그다음 전국 이제 2014년도부터 같이 했던 간담회, 〈나쁜 나라〉 이런 거 같이 계속하셨고. 그다음 『금요일엔 돌아오렴』, 안산시에서 하는 선전전.

경빈 엄마   예, 그건 계속하고 있고.

면담자   네. 그다음에 2014년부터 광주법원 등 재판 과정.

경빈 엄마   쭉 처음부터 끝까지 한 건 아니지만.

면담자   사이사이에 하셨구요. 중간에 법원에 참관도 하셨고, 그리고 특조위 청문회 참관하셨죠? 그다음에 해외 지역, 그때 뉴욕 가셨다 그랬고. 네, 이제 이렇게 확인이 되었구요. 거의 같이 줄곧, 쭉 하셨네요. 이 모든 것들을 다 얘기하실 수는 없고, 쭉 앞에서 2014년 5월 달 그 활동부터 생각나시는 대로 말씀을 해주세요.

경빈 엄마   제가 이걸[활동 기록지] 보고 해야 될 거 같은데요. 처음에 저희가 밖에 활동을 하면서 거리에 나갈 거라고는 생각도 못해봤고, 당연히 그때만 해도 사고였다고 큰소리를 쳤었잖아요. 적어도 사고라고 하면 책임질 수 있는 사람이 누군가는 나와서 "정말, 우리가 이렇게 해서 이 사고에 대해서 정말 저희의 책임이 크다, 너무너무 죄송하다… 아니면 그거에 준하는 벌을 받겠다" 진심 어린 사과를 하는 사람이 아무도 없었잖아요. 만약에 그렇게 한다고 했으면 가족들이 무마가 되고 다 이제 끝날 거라는 생각을 했던 거예요.

예, 처음에는 정말 내려갈 때도…, 같이 진도를 내려갔잖아요. 아이들이 옷이 젖어 있고 이런 상태니까 '집에서 옷이나 신발을 가지고 가서 그거를 갈아입혀 가지고 데리고 온다'는 생각을 했지, 잘못됐을 거라는 생각을 안 했잖아요. 근데 그렇게 하고 내려가면서도 "아, 이게 진짜 우리가 흔히 말하는 정치나 이런, 이렇게 무서운 일에 연루만 안 됐으면 좋겠다" 이런 소망을 가지고 내려갈 때 경빈이 아빠는 그런 얘기를 했어요. "설마, 무슨 그런 얘기를 하냐고. 그런 생각을 하냐"고 그러면서… "그런 생각은 아예 하지도 말라고…" 그러면서 "전혀 아닐 것이다" 그러면서 내려간 거예요. '아이를 데리고 오겠다'는 생각만으로 내려갔으니까.

아빠도 좀 쉬다가 그러고 직장을 갔어요. 직장을 가고, 그 보도국장 때문에 우리가 갔잖아요, KBS를…. 가면서 거기서 실랑이를 하다가… 솔직히 거기서도 가족들이 딱 한 가지밖에 없었어요. '미안하다'는 말 듣는 거. 그니까 '우리는 진심 어린 사과만 있으면 된

경빈 엄마 전인숙

다' 그렇게 올라갔었는데 끝까지 안 나왔잖아요. 끝까지 안 나오면서 오히려 우리 올라가는 길에 경찰이 엄호해 준다, 길 안내해 준다, 막 이러면서 시간을 끌고 갔었던 거고. 오히려 부탁을 했던 상황이 더 가관이었잖아요. 차로 다 막아놓고, 경찰들이 아예 그냥 다 골목골목마다 서 있고. 그리고 거기서 이제 나오라고 우리가 소리소리 지를 때, 직원들이 위에서 보면서 웃고 있는 사람들도 있고…. 이러다 보니까 화가 더 나잖아요. '당장 내려오라고, 니들이 뭔데 우리를 보고 웃고 있냐?' 그러면 쓱 보고 또 들어가는 거예요. 그게 부모들 막 화를 더 돋우는 거 같아요.

그렇게 들어갔었는데, 아예 애초부터 진짜 부모들이, 우리가 뭘 알겠어요. '이 참사에 진짜 뭐가 있어서 그걸 밝혀주세요' 이게 아니었잖아요. 그니까 정확하게 아이들이 나오고, 그리고 누군가는 책임을 져서 책임자가 진심 어린 사과를 했어야 하는 거고. 근데 아무것도 없었기 때문에…. 근데 그때부터 시작해서 일이 터지고, 뭔가 [사건이] 하나가 나오면 누군가가 나와서 '정말 죄송합니다, 사죄드립니다' 이게 아니더라니까요. 아예 그냥 당연하듯이 본인들은 내지르고 빠지고, 늘 그렇듯이…. 이게 습관처럼 그렇게 됐었던 거 같아요.

기존에 적어도 우리가 나이를 먹어도 "미안해해야 하는 건 미안해하는 게 맞다, 사과를 하는 게 맞다" 그리고 늘 교육을 하면서 아이들한테도 그 얘기를 하잖아요. "고마울 땐 고맙습니다", 그리고 "니가 무언가를 사과를 할 때는 죄송합니다"를 꼭 해야 한다고 가르치잖아요. 근데 정작 어른들은 아예 안 하고 있었던 거예요. 그러면서 우리가 그렇게 찾아봤던 건데 누구 하나 사과를 안 했었고….

아마 그쯤 돼가지고 박근혜 대통령을 만났을 거예요. 진도에 내려와서도 그렇고, 자기가 그냥 툭 뱉는 말은 "어렵거나 만나고 싶으면 찾아와라" 그런 얘기를 했던 사람이었잖아요. 그렇기 때문에 KBS 가서 시간을 정해서 딱 한 거예요. 이 시간까지 안 나오면… 그때 제가 알기로 12시인 거 같은데, "자정까지 안 나오면 우리는 청와대로 가겠다" 해가지고 준비를 했었던 건데…. 그 당시에는 영정 사진을 다 가지고 갔잖아요. 근데 경찰들하고 막 싸우고 뭐 하다 보니까 진짜 거기에 막 나간[나온] 경찰들, 의경들 되게 많더라구요. 근데 오히려 그 아이들[의경들]이 진짜 얼굴이 하얗게 질려 있고 힘들어하고 그럴 때, 다 죽겠다고 자리를 바꿔달라고. 그렇게 경황이 없는 부모들이 오히려 가서 거기서 경찰들을 챙기고 있는 거예요.

그러면서 영정 사진을 저는 이렇게 돌렸어요. 누구랑 싸우고 이런 거 자체를 싫어해요. 원래 경빈이가 싫어했었어요. 그래서 뒤로 안고 "지금 엄마가 보는 입장에서는 니가 볼 환경은 아닌 거 같다. 너는 그냥 엄마가 그냥 안아주겠다" 그래서 저는 그냥 안고 다녔었는데, 그때 상황은 '진짜 이게 아닌데 잘못되어도 뭔가 한참 잘못된 거 같다' 그래서 처음으로 저희가 거리로 나갔던 거 같아요. 그래서….

경빈 엄마 전인숙

면담자　　　KBS를 찾아가고, 박근혜 대통령을 만날 때까지만 해도 '사건의 책임자가 진심 어린 사과를 하는 것' 그 정도를 바랐었던 거네요. 그런데 부모들이 거리에 나와서 이런저런 일들을 겪으면서, 결국 진상 규명 활동으로 방향 전환이 된 거네요?

경빈 엄마　　　그렇죠. 그게 아니었으면… '아, 이게 사회가 진짜 이렇게까지 썩어 있을 거'라고 생각을 못 했을 거잖아요. 나와서 싸우면서 느끼고 또 느끼고 한 게, '이렇지 않고서는 세월호 참사는 제2의 세월호 참사가 또 일어날 수 있겠구나' 이걸 느낀 거예요. 근데 적어도 우리는 다른 거 다 필요 없고, '왜 구조를 안 했고, 왜 아무것도 안 했는지, 왜 아이들이 그 일을 겪었어야 했는지' 그걸 우리는 밝혀주고 싶은 거예요. 그니까 지금 그걸 밝히기 위해서 2년 8개월 동안 싸워오는 과정에는 뭐 아닌 게 아니고…, 처음에 나왔던 얘기는 유병언이었잖아요. 유병언도 나왔고, 정치인부터 그리고 전 지역에서, 각 지역에서 해가지고 막말하는 사람들…. 정치인부터 해가지고 연예인들, 대통령까지 나왔잖아요. 근데 대통령 위에서 조종하고 있는 사람이 최순실이라는 게 나왔잖아요. 그런 게 무수히 쏟아져도 우리는 방향을 흐트릴 수가 없어요. 우리는 아이들만 보고 [진실을 향해] 가고 있고, 보고 가고 있기 때문에. 그래서 "아무리 뭐라 하든 간에 다 필요 없다. 왜? 우리는 아이들을 위해서 진상 규명을 하고 있기 때문에 우리는 방향을 그쪽으로만 가겠다". 그래서 얘기를 하고 있는 거고…. 물론 밝힐 건 밝히는 게 맞잖아요. 근데 우리가 지금 그 팩트를 다 잡고 가기에는 너무 버겁고, 그리고 우리가 늘 중심으로 잡고 있는 것은 아이들의 진상 규명을 잡고 있기 때문에 오로지….

4
진상 규명 활동 과정에서 감당해야 한 일들

면담자 　몸 상태도 그렇고, 보살펴야 할 동생 때문에라도 활동에 전적으로 몰입하기에는 한계가 있으셨던 거 같아요. 그럴 때는 어떤 식으로 하셨나요?

경빈 엄마 　그때는 그렇게 할 수밖에 없었는데 [진상 규명 활동이] 자꾸 길어지고 길어지면서 안 되겠다 싶어 가지고…. 어차피 동생도 봐야 하고 이런 상황이잖아요. 그래서 얘기를 한 게 뭐냐면, 아빠가 그러면 집에서 아이를 보고 [나는] 일을 찾아보겠다. 그렇게 얘기가….

면담자 　남편분은 그러면 4·16 이후에 직장을 그만두신 거예요? 그때는 경빈이 어머니랑 두 분 다 일을 하고 계셨잖아요.

경빈 엄마 　네네네. 하고 있다가 아빠는 한 15일인가 20일 있다가 다시 회사를 들어갔어요. 그리고 저는 이제 자유로우니까 그냥 일 있을 때만 전화를 하거나 갔다 오거나 그렇게 하면 되니까. 그렇게 했다가 아마 100일 날 광화문으로 올라갔잖아요. 광화문을 도보로 올라갔는데, 아까 도보도 일정에 있더라구요, 보니까. 근데 저희가 그때 당시에는 가족들이 제대로 먹지도 못하고 잠도 못 자던 사람들이 도보를 간 거잖아요. 그러다 보니까 상태가 굉장히 안 좋은 거예요, 굉장히. 제가 광명까지 걸었다가 그다음에 발이랑 너무 아파 가지고 파스를 여기까지 붙이고 그러고 걸었던 거예요.

그랬는데 1박 2일 되는[도보하는] 날 아빠가 "회사 갔다 오겠다"고 그렇게 하고 저는 버스를 타러 나가려고 했는데, 갑자기 다시 들어오는 거예요. 그래서 "어, 회사 안 갔어?" 그랬더니 그냥 말로는 그러더라구요. "아니, 파스를 그렇게 덕지덕지 붙여가지고 그러고 나가는데 내가 회사를 나갈 수 있겠냐?"고. 그런 얘기를 하는데, 그냥 "나 괜찮아, 걸어갈 수 있어" 그렇게 하는데도 이미 밖에서 [회사와] 전화를 하고서, "오늘은 100일도 되고 그래서 우리가 1박 2일 도보를 한다, 어제는 못 했고 오늘은 내가 걸어갔다 와야겠다" 그랬는데, 말 한마디, 한마디가 "그런 일 있을 때마다 그렇게 빠지면 어떻게 하냐고" [회사하고] 그런 얘기가 오고 갔나 봐요. [제가 평소에 세월호 참사에 밝혀지지 않은 진실이 있다고 하면] "그래도 아닌 거 같은데" 그러면서도, 그때는 그렇게 얘기를 하더라구요. "경빈이 엄마가 그렇게 얘기를 할 때에는 우리도 아무 일이 아니고 그냥 사고였겠거니 그렇게 생각을 하다가, 가족들이 그동안 싸워오는 과정을 보니까 아, 이게 정말인가 보다" 그런 생각이 들더라는 거예요. 그러면서 그때부터는 같이 활동을 했어요.

면담자   그럼 남편은 100일쯤 직장을 그만두신 거예요?

경빈 엄마   네. 그래서 회사에서는 "지금은 일이 없고 그런 상태이니까, 일이 많아지고 사람이 필요해지면 전화를 하겠다" 그래서… 월급이나 이런 건 따로 안 나오고 회사에 소속된 사람으로만 있는 거예요, 계속. "아, 그래도 다른 회사 같은 경우에는 월급도 주고 여기 세월호에도 참여를 해주고 그러던데… 아, 진짜 회사를 잘 만나야 돼" 농담 삼아 그런 얘기도 했는데…. 좀 회사 다니면서 그런 것도 있었나 봐요. "보험 얼마 들어났냐? 교통사고인데 마음에 묻어라, 가슴에 묻어라". 더러는 "내가 이렇게 힘든데 실질적으로 필요한 돈이 얼마 정도일 거 같고, 좀 빌려달라"는 식으로 얘기를 하고. 그래서 상처를 좀 받고 있었던 거 같아요.

면담자   그 사람들 보기에는 그냥 처음부터 끝까지 돈이었네요?

경빈 엄마   네. 그래서 그런 문제점도 있고, 그렇게 지내고 있었는데…. 100일째 되는 날 그걸 가지고 같이 얘기를 하다가, '아, 이건 아닌 거 같은데…' 그러면서 행사도 안 나가고 그러고 있었는데, 전화도 안 오니까, 먼저 전화를 하니까. 일이 많아지고 하면 그때 와라 했었는데 너무 길어지다 보니까 이제 안 되겠다 싶은 거예요. 당시에는, [그리고] 아마 1주기 조금 넘어서까지는, 딸내미까지 데리고 간담회를 다녔던 거예요. 차를 가지고 다녔던 거예요. 아빠가 차를 운전해 주니까 편하죠, 저희는. 그래서 음성도 다녀오고, 그렇게 딸내미까지 데리고 다니다가 애가 너무 힘들어하니까. 그래서 안 되겠다 싶어서 얘기가 됐던 거였고, 그러면서….

면담자   100일 집회 때 남편은 직장을 정리하시고, 그때 이후로 같이 활동하시게 된 거죠? 프란치스코 교황님 방문했을 때 가족들이 그날은 다 광화문에 같이 계셨겠네요? 남편도 그렇고, 경빈이 어머니도 그렇고.

경빈 엄마   신랑이 있었었나?(웃음)

면담자   그날은 좀 어땠어요?

경빈 엄마   음, 거의 뭐 잠을 안 자고 거리에 나가서 그냥 1박 2일을 잡고, 또 올라간 거였잖아요. 그래서 올라가면서 저희가 지내야 될 자리를 물색을 하다가 옆에 세종회관[세종문화회관]인가요? 광화문 옆에 있는 게? 복도랑 해서… 그 안에 가서 그냥 우리는 뭐 비나 이런 거만 피하면 되니까. 그날도 그렇게 가서 복도에다가 그냥 깔 거 있는 사람들은 깔고 그렇게 지내다가 새벽에 광화문으로 이동을 해서…. 그날도 교황님 오신다 그래서, 되게 절차가 까다롭더라구요. 소지품 검사하고, 뭐 하고 하면서…. 그렇게 해가지고 나가서 광화문에서 자리를 잡고 그리고 기다렸죠. 기다리고… 그 상황에서 '교황님이 우리를 봐야 되고, 우리는 우리의 목소리를 내서 우리 상황을 알려야 한다' 그래서 그 당시 유민 아버님이 단식을 하고 있었잖아요. 그 당시만 해도… 순간순간 다 머리를 짜는 거예요. 처음에는 '이렇게 들고 외치자' 그랬는데 못 보실 수가 있으니까 '아, 그러면 한 분만 서고 나머지는 다 앉자' 그러면서 머리를 짜

가지고… 두 번째에는 보신 거예요. 그러면서 편지도 전해드리고 그리고 할 얘기도 하시고. 그러면서 이렇게 지나가는 그런 과정에 있었는데… 그래도 저희가 진짜 뭘 하나하나 겪을 때만 해도, '아, 이렇게 하면 좀 바뀌겠지' 그런 기대감을 늘 가지면서 했었거든요.

그래서 교황님이 왔을 때는 '적어도 조금이라도 변화가 있겠지', 그런 마음에서 정말 최선을 다해서…. 아침 되니까 기다리는 순간이 너무 힘든 거예요, 잠을 못 자고 나간 사람들이니까. 막 바닥에서 조는 사람들도 있고 이런 상황인데…, 그렇게 어렵게 해서 만났으니까 '당연히 뭐라도 바뀌겠다' 이랬었는데 그래도 바뀌는 건 없더라구요.

면담자   위로는 좀 받으셨어요? 우리는 당시 텔레비전으로 봤죠. 뭐랄까, 짧은 순간이지만, 텔레비전을 보는 제 마음은 저 순간에 저분이 오셔서 손을 잡아주고 편지를 전해주고 이럼으로써 변화가 있으리라는 기대는 사실은 좀 없었어요. 그렇지만 좀 위로를 받으셨으면 좋겠다는 생각은 했죠.

경빈 엄마   그때만 해도 우리는 우리의 마음을 전했기 때문에 위로는 조금 되었겠죠. [그렇지만] 기대를 하고 있었고 [이 상황에] 잠시나마, 조금 기다릴 수 있는 여유를 좀 느꼈던 거죠. 그러면서 '아, 됐구나' 이랬었는데, 아…(웃음).

면담자   참 쉽지 않죠, 그죠. 쉽지 않아요. 그니까 경빈이 어머니가 아까 처음 사고 소식을 듣고 진도로 내려갈 때, 어머니께서

"이 일이 정치적으로 큰일하고 엮이지 않았으면 좋겠다"고 말씀을 하셨다고 했는데, 결국 한국 현대사에 정말 엄청난 사건의 중심에 서게 된 거예요. 그다음에 청운동 주민센터 앞에서 장장 76일이나 농성을 하셨잖아요. 그때 참여하셨을 때의 마음은 어떠셨는지, 또 거리에서 농성하면서 하루하루를 보내는 게 쉬운 일이 아닌데, 날마다 하루를 어떻게 보내셨는지 말씀해 주세요.

경빈 엄마　　　그때도 저희가 광화문을 계속 올라가고 이런 상황이었는데, "우리가 지금 광화문에서 이렇게 있을 게 아니다. 가장 가까운 곳에라도 가서 목소리를 내야겠다" 그런 얘기를 하면서… [농성을 하게 된 거예요]. 그때도 참 아이러니하게 너무 말도 안 되는… 우리끼리 첩보영화를 많이 봐서 그런지는 모르겠는데, 닉네임을 정한 거예요. 청와대 같은 경우는 뭘로 정하고, 커피숍 같은 경우는 뭘로 정하고, 정해서…. 우리 같은 경우는 그냥 커피숍 가자, 그리고 커피 마시러 가자, 이렇게 그냥 간단한 걸로 해가지고. '커피를 마시러 가자' 그러면 그거는 청운동 어디 가서 만나자는, 어디로 모이는 거고, '커피숍을 가자'는 거면 청운동 쪽으로 가자 이런 걸로 얘기를 했었던 거 같은데….

　　그러면서 못 들어가잖아요. 못 들어가니까 나름 또, 거기서 나름 머리를 또 쓴 거예요. 버스를 타고 올라가자, 걸어서 올라가자, 택시를 타고 올라가자 이렇게 된 거예요. 마지막에 순범이 엄마랑 저랑 아휴, 웅기 엄마였나? 누가 마지막에 남았어요. 마지막에 남아서 그럼 우리는 택시를 타고 가자, 택시를 타고… 그때, 라면 음식점이 있어요. 거기 가서 내려서 이렇게 봤더니 벌써 우리보다 먼저 온 사람들이 먼저 들어가서 먹고 있으니까. 밖에 사복경찰들하고 해서 막 보면서 무전기로 막 소리가 들리는 거예요. "뭐야 저 사람들… 가자 그러더니 결국 다 저기 모여 있었던 거야?" [그래요. 그래서 우리는] "안 되겠다, 우리는 동사무소[청운동 주민센터] 앞에 가 있자" 그러면서 이렇게 걸어가서 동사무소 앞에 있다가 그러면서 자리를 잡고 막 그랬는데…. 그때만 해도 막 버스 타고 간 사람들 모이고 막 이러다 보니까 점점 점점 버스에 오는 사람들도 신분증 검사하고, 택시 타고 오는 사람들도 신분증 검사하고 이러는 거예요.

면담자   청운동에서요?

경빈 엄마   네네네. 그래서 그렇게 어렵게 그때 막 만나서 그때 청운동사무소 앞에서 집회를 했던 거 같아요. 노숙 농성.

면담자   그래요. 처음에는 노숙 농성이 그렇게 길게 이어지리라고 생각한 건 아니었네요?

경빈 엄마   그죠. 그니까 저희는 다 그런 거 같아요. 세월호 참사가 이렇게 길게 갈 거란 생각도 못 했고, 이렇게 광화문 농성, 천막도 그렇고…. 그리고 여기 지금 보면 안산에 분향소, 그리고 뭐 세월호 진상 규명, 모든 게 다 길게 갈 거란 생각은 못 했던 거예요. 근데 먼저 겪으셨던 분들이 "당연히 길 것이다" 그런 얘기를 했을 때, "아이 씨, 나는 지금도 힘들어 죽겠는데 왜 자꾸 길어질 거라는 얘기를 하지?" 그렇게 얘기를 계속 했었거든요. 근데 지내다 보니까 '아, 이런 나의 바람만, 내 바람만 그랬던 거고 그럴 수밖에 없겠구나'라는 생각을 하게 된 거죠. 그리고 '그동안에 살아오면서 참 순진하게, 뭣도 모르고 살았구나'라는 생각을 갖게 된 거죠.

면담자　　청운동에서 하루하루는 어떻게 지내셨어요?

경빈 엄마　　오시는 분들이 바느질, 왜 리본 만들고 하는 거 있잖아요. [그런 걸 가져오셔서] 그런 것도 만들고 피켓도 들고 있고. 그러고 거기 찾아오시는 분들이랑 간담회도 하고 같이 얘기도 하고 그러면서…. 하루 시간이 어떻게 가는지도 모르게 빨리 갔던 거 같아요.

면담자　　청운동에 가셨을 때는 그래도 청와대에 가까이 가 있으니까 박근혜 대통령이 귀가 있으면 우리의 이야기를 들을 거고, 그럼 문제가 조금이라도 해결될 거라는 기대가 있으셨던 거죠?

경빈 엄마　　'그래도 한번은 나와보지 않을까(웃음) 그렇게 코앞에까지 와서 이렇게 있는데…' [하는 생각은 했죠]. 아, 그랬더니 아니더라구요. 오히려 가족들이 있는 방향을 통해서 다른 분들과 연대하면 안 된다 그래서 차벽을 쌓고, 아예 그[다른 시민들과] 소통을 할 수 없게끔 딱 막아버린 상태였고, 그리고….

면담자　　아, 청운동에서는요?

경빈 엄마　　네. 그리고 오히려 바닥에 부모들이 자야 되니까, 누위 있어도 힘드니까, 그런 상황이. 저녁에 그런 상황인데, 오히려 비닐 하나까지 가지고 들어오는 거 못 가지고 들어오게 막 말리고 싸우고….

면담자   경찰들이?

경빈 엄마   네. 그런 상황도 있었잖아요. 근데 비까지 오는 거예요. 그래서 그냥 비닐 뒤집어쓰고 비를 피하고 그랬거든요, 그날은…. 첫날 날씨가 안 좋았던 건 아니었어요. 근데 비가 올 거라고는 생각을 못 했었는데…, 그래서 깜짝 놀랐었는데… 그렇게 하면서 이제 보냈던 거 같고, 참….

5
경빈이 동생

면담자   그러면서도 또 경빈이 동생 때문에 왔다 갔다 하시고 그러셨어요? 어머니는 집에 왔다 갔다 하고, 동생은 주로 아빠랑 많이 있었겠네요?

경빈 엄마   그때만 해도 아빠랑 있었던 게 아니고, 엄마, 아빠가 밖에서 이렇게 다니고 있으면 이모 집에도 가 있고…. 그리고 그때는 수현이네 집이 가까웠어요. 그냥 막 왔다 갔다 하기는 좀 그렇고. 차를 타가지고, 제가 동거차도를 가거나 이럴 때는 수현 엄마가 학교를 데리고 갔다가 데리고 오고, 그런 경우도 있었고. 이모 집에는 좀 잘 있어서…. 그때는 이모가 가까이 안 살았기 때문에 막내 이모가…, 다 그 위치[근처]이기는 해요. 막내 이모가 데리고 갔다가 데리고 오고, 막내 이모가 그렇게 하면서 서로 봐주고 이랬 었는데…. 지금 바쁘고, 그리고 아빠도 이제 집에 늦게 들어가긴 하지만 그래도 지금은 대부분이 아빠랑 이모랑. 네, 대부분….

면담자　　　그때가 제일 힘드셨겠어요. 농성하느라고 딸아이를 다른 사람 손에 맡기면, 아무래도 엄마처럼은 못 챙겨주니까…….

경빈 엄마　　　그때는 좀 그렇게…, 막 애를 보면서… 정말 미쳤던 거 같아요. 그니까 이게 진짜 한두 명이 아닌…. 그[러]니까 내 경빈 이도 중요하긴 하지만, 250명의 아이들이 내 아이들이었던 거잖아 요. 그러다 보니까 '이건 반드시 짚고 넘어가야 하고, 반드시 진실 규명해야 한다' 그래서 그거에 미쳐서 다녔던 거 같아요.

면담자　　　그래서 딸아이한테 신경을 많이 쓰지 못하셨겠어요.

경빈 엄마　　　그렇죠. 오히려 이 애가 그거에 대해서 얘기를 하잖 아요. "엄마, 나는 뭐를 했으면 좋겠고, 뭐를 해줬으면 좋겠고" 이 런 얘기를 했을 때, 그거 있잖아요, 왜. 이 아이도 너무 불쌍한데, [딸의 그런 요구개 이기심 같은 거 있잖아요. 욕심. 근데 그 나이에 맞는 그 아이들의 표현이었던 거예요. 근데 저희가 그 마음의 여유 가 없었던 거죠. 그러면서 그때 당시만 해도 "야, 너무 욕심이 크지 않을까?" 그러면서 한번은 제가 얘기한 거 같아요. "그래도 오빠를 보면, 오빠가 너무 불쌍하지 않니?" 그런 얘기를 한 번 했었던 거 같아요. "오빠를 한 번만 좀 생각해 주면 안 되겠니?" 이런 얘기를 했었어요, 제가. 근데 그런 얘기를 하면서도 저도 생각을 했던 거죠. 생각을 하면서, '아, 이게 지금 상황에 맞는, 부모들이 그 시기에 겪는 트라우마를 갖고 있다'는 그런 생각을 한 거예요. '이 아이들이 고 시기에 충분히 [그런 요구를] 할 수 있는 그런 시기인데, 아, 왜 내가 생각을 그렇게밖에 못 할까' [후회를 하고 그랬죠].

면담자   한편으로는 다른 어머니도 딸아이가 요즘 아이들처럼 "엄마 화장, 뭐 립스틱" 이런 얘기할 때 자기가 정말 "여기까지는 표정 관리가 안 되더라"고 얘기하시더라구요. 그런데 이제 한편으로는 그 아이들에게도 하나밖에 없는 오빠들이잖아요. 또 하나는 그 아이들이 그런 요구를 하는 게 "엄마 나도 있어요" 또는 "자신의 요구를 들어달라"는 게 아니라 엄마에게 현실감, 엄마에게, "엄마 지금 그것만 현실이 아니라 엄마가 여전히 발붙이고 살아야 하는 현실이 있어요"라는 것을 어린아이들이 엄마한테 좀 알게 해주기 위해서라도, 애들이 그런 요구를 한 거 같더라구요. 지가 당장 입술에 바르기 위한 게 필요해서라기보다… 아마…. 동생도 그런 요구를 엄마에게 한 것이 눈치가 없고 또는 오빠를 생각하지 않고 그런 마음이 아니라, 어떤 면에서는 엄마에게 정말 왜 현실의 어떤 줄을 또 잡을 수 있게 해주기 위해서 그런 말을 하지 않았나…. 여러 생각을 해보게 되더라구요.

　　근데 어머니들이 보니까 어떤 어머니는 아예 차라리 자식이 없는 부모들이 부럽다는 얘기까지 하시더라구요. '차라리 그 아이가 없다면 내가 이 싸움에 몰입할 수 있는데… 살아 있는 자식 때문에, 걔가 걸림돌이 된다' 이런 얘기까지 해서 제가… '아휴, 어디부터 어떻게…' 이런 연구를 하면서도 어디부터 어떻게 이해를 해야할지 그 마음들을…. 가족들도 똑같이 겪는 거죠.

경빈 엄마   그게 아마 그게 있더라구요. 부모들이 [다른] 애가 없는, 하나인 집들도 있잖아요. 그분들한테는 또 다른 아이 얘기를 하는 게 미안해서 얘기를 제대로 못 하고 그러는데…. [그래도 우리는 남은] 애라도 있잖아요. 그런 얘기 하는 것도, 그렇게 얘기를 하시는 것도 또 그렇게 보면 저희가 할 말이 없는 거예요.

근데 그런 얘기를 할 때는 '아, 당연히 너희들이 그런 얘기를 할 때니까 당연히 하는 게 맞아', 근데 그거를 다 감안하고 저는 그거예요. 그러니까 밤에 늦게 들어가잖아요. 늦게 들어가면 아빠도 일을 한다고 하는데 저녁 일을 하니까 늦게 오잖아요. 어떤 때는 제가 먼저 들어가서 이렇게 집에 문을 딱 열고 들어가면, 애가 소파에서 웅크리고 잠들[어 있을] 때가 있어요. 그때, 그때[가] '참 애한테 미안하다'는 생각이 드는 거예요.

그리고 더러는 가족들도 그 얘기를 해요. "집에 애가 있는데, 집에 있는 애 생각을 좀 해가면서 활동을 해가는 게 좋지 않겠냐?" 그런 얘기를 하면 저는 주로 그런 얘기를 했었어요. "이 아이는 우리가 진상 규명 밝히고 그때 가서 내가 충분히 안아줄 수 있는 시간도 있지만, 힘든 시기를 겪는다 해도 그래도 엄마, 아빠가 있지 않느냐? 그렇기 때문에 나는 그때 충분히 이 아이를 보듬어주겠다.

111

보듬어주기 위해서 나는 최선을 다해서 열심히 하는 것이고…. 이미 아이한테는 미리 얘기를 했다. 오빠 때문에, 오빠를 위해서 그래도 지금은 활동을 하는 게 맞다. 그리고 아빠는 너를 보기 위해서, 너한테 갔기 때문에 니가 조금 엄마를 이해해 주면 좋지 않겠냐". 근데 과연 그 아이가 저를 이해를 해줄까… 이해는 아마 못 할 거예요. 그리고 나중에, 조금 나이 먹어서 "내가 엄마 그때 이렇게 힘들었는데 엄마는 내 옆에 없었잖아" 그러면서 나중에 조금 크면 제 원망도 할 거예요. 근데 차라리 그때 가서 원망을 해도 제가 다 들어줄 수가 있잖아요.

면담자   어쨌든 지금은 이게 최선이다 생각을 하시는 거네요.

경빈 엄마   네, 그래서 그렇게 받아들이고 마음의 각오를 하고 지금….

6
도보 행진, 삭발 농성

면담자   아, 그러시네요. 팽목항, 2015년에 1월 26일부터 2월 14일까지, 팽목항 도보 행진 하셨던 이야기를 해주세요.

경빈 엄마   저희가 도보하기 전에 뉴욕 일정이 잡혔나 그랬을 거예요. 일정을 잡아놔야 하니까, 티케팅[항공권 예매] 때문에…. 이제 해야 되는데 도보를 하면서 전 코스를 다닐 수는 없잖아요. 간담회도 다녀야 되고. 일정이 많다 보니까. 그래서 우리가 계획을 잡은 게 1반부터 해서 어느 구역, 어느 구역해서 반을 정해서 가자. 그리고 첫날, 이튿날 많이 참여해 주시고, 끝나기 하루 이틀 전에도 많이 참여해 주셔서 그렇게 해서 되도록이면 반으로 돌자. 그래서 그렇게 갔던 거예요.

그래서 첫날 제가 수원까지는 같이 걸었어요. 그리고 천안도, 아마 저희가 내려갔을 거예요. 그리고 광주쯤 해서 저희가 가는 날이었는데 몸 상태가 되게 안 좋았었어요. 그날 눈도 오고 막 이랬었거든요. 근데 그래도 가야 된다 그래서 내려가는 도중에 막 멀미도 하고 그래요. 멀미를 제가 정말 안 하거든요. 그래서 멀미를 하는 사람들이 얼마나 고통을 받는지 이렇게 40[살] 넘게 모르고 살았다가 멀미를 하다 보니까 '아, 이게 멀미구나' 그걸 느끼면서 내려갔는데, 아마 저녁에 밥을 먹고 숙소를 옮겨야 하는데, 저녁을 조금 추운 데서 먹었던 거예요. 그러면서 그게 아마 급체가 되면서 밤새 잠을 못 자고, 그리고 아침에 다 토하고, 걸어야 하는데 막 어지럽고 그래서 걷는 둥 마는 둥 해가지고 결국은 차에 실려서 가고 막… '아, 이렇게 하면 민폐인데…' 그러면서 도보를 거기서 하고 올라오는데, 거기서 올라오는 과정에 차를 타야 되는데, 아, 큰일 난 거예요. 걱정을 하면서 차를 탔는데 정말 눈을 감고 뜨고 그거랑 상관없이 계속 도는 거예요, 막 빙빙. 그래 가지고 막 일부러 얘기도 더 하고, 질려가지고 그래 가지고 올라온 거예요.

그래서 그날 그렇게 올라왔는데, 마지막 날도 또 이제 내려가야 되잖아요. 그때부터 광주, 그 시점부터 제가 어디 밀폐된 공간에 들어가면 숨이 막히는 거예요, 숨을 못 쉬겠는 거예요. 그때부터 막, 다른 분들도 그때 왔는지 모르겠지만 그때부터 힘들었던 거 같아요. 그래서 안 하던 차만 타면 멀미를 하고 막, 그렇게 다녔던 거 같아요.

면담자   그리고 아까 말씀하셨던 뉴욕 일정하고, 서류 정리라든가 그것도 그때 하셨던 거구요?

경빈 엄마   그때 저희가 막 티케팅 하고 그러면서…, 그거는 뉴욕에서 다 해서 저희한테 보내주는 거기 때문에 저희는 따로 신경쓸 거는 없고, 저희가 가져갈 것만 그렇게 해서 챙겨서 갔으면 됐으니까. 그리고 나서 나중에 짐도 도착할 [때]쯤 해서 마지막 도보를 저희가 해야 되잖아요. 근데 "가지 말라"고 그러는데 어떻게 안 가냐고. 해야 된다 그러면서 또 가는데 여지없이 또 멀미를 해가지고. 마지막에 내려서 도보를 해야 되는데…, 그때 마지막 코스로 가는 그 팀하고 합류를 한 거예요. 그리고 힘드니까 차를 타고 가라고 하는데도, 아니라고, "같이 걸어야 되겠다"고 그래서 걸어서 마지막 도보를 팽목항까지 가고. 그때가 아마 가장 힘들게 거리에서 노숙, 도보를 한 거 같아요.

면담자   아, 그래요. 그런 과정 속에서 경빈이를 꿈에서 보거나 그런 경우도 있었던가요?

경빈 엄마   정말 손에 꼽을 정도로 몇 번 온 거 같아요. 근데 정

경빈 엄마 전인숙

말 힘들고, 아프고 힘들고 할 때… 간담회 미리 잡혀 있고 할 때는 안 갈 수는 없잖아요. 그래서 약속을 잡아놓은 데를 힘들게 갈 때….

제가 제일 기억에 남는 게 딱 두 가지예요. 딱 두 번 꾼 꿈인데, 대부분이 꿈을 꿨는데도 꾼 거 같은데, 뭔가 있었던 거 같은데, 뭔가 잊혀지고 잊혀지고 이런 게 있었어요. 그런데 정확하게 기억에 남는 게, 하나는 집에 와서 배고프다고 음식을 해 먹는 거예요. 그리고 춥다고 저한테 안겼어요. 안겨가지고 제가 입은 옷을 이렇게 덮어준 거, 그거 하나가 있고.

[다른] 하나는 제가 너무 아팠을 때 전철을 타고 올라가는데, 전철을 타고 올라가면서 잠을 한숨도 못 자니까 눈을 붙였는데, 제 무릎을 베고 아이가 누워 있었던 거예요. 그러면서 쓰다듬어주고, 그리고 늘 엄마가 아프면 와가지고 손을 잡아주고 그랬었거든요. 그러면서 엄마 아파도 걱정하지 말라고, 제가 있으니까 걱정하지 말라고 그러면서…. 엄마 나중에 나이 먹고 아파도 내가 모실 거니까 걱정하지 말라고. 늘 그러면서 손도 잡아주고 그랬었거든요. 전철에서 그러고 가면서 눈을 딱 떴는데, 정말 기분이 너무 좋은 거예요. 그러면서 그날은 정말 기분 좋게 하루를 보냈던 거 같은데, 그 꿈을 꾸고서…. 기억에 남아 있는 게 두 개예요.

그리고 나머지는 그냥 보고 웃고 있고…. 그리고 저보다는 누나들, 이모들… 거기[자기들] 꿈에 나타났다고 얘기해 주고. 거의 그랬던 거 같아요. 친구들하고도 놀다가 이모가 오면 "안 된다"고, 그리고 이리로 오라고 그러면 "아, 예 아니…"라고 그러면서 "웃고 놀고… 그러고 있었다"고 하더라구요. 그래서 "좀 행복해 보였다"고, 그런 얘기를 하는데….

면담자   그래도 엄마가 힘든 와중에 [경빈이가] 와서 위로가 됐겠네요. 왜 아이들 안고서 일어나면 그 무게 있죠? 그런 기분 좋은 무게가 있죠, 아무리 커도. 꿈에서 그런 게 느껴지셨나 봐요.

경빈 엄마   근데 아무래도 그것보다는 온기가 좀 느껴졌었던 거 같아서 그게 좋았던 거 같아요.

면담자   그러셨구나. 혹시 삭발을 하셨었어요, 경빈이 어머니도?

경빈 엄마   저희가 삭발을 하러 광화문에 있었잖아요. 아빠가 그때만 해도 광화문 활동하고 그러면 잘 안 왔었거든요. 그리고 광화문 갈 때는 제가 늘 올라가는 그런 저기였는데, 그날은 아빠가 올라가는 거예요, 광화문을. '아, 그럼 그런가 보다' [했는데] 삭발을 하러 갈 생각을 하고 갔었던 거예요, 저는. 그랬는데 갑자기, [앞에서 다른 사람들] "삭발을 한다"고 그러고 있는데, 아빠가 갑자기 턱 나가더니 삭발을 하는 거예요. 그래서 "어, 뭐지?" 그랬어요. 삭발을 하고 나서, "둘 다 하면 집에서 애가 상처받을 수 있으니까. 그리고 삭발은 내가 했으니까 아예 할 생각도 하지도 말아라" [그러더라구요]. 그래서 그날은 제가 못 하게 하려고, 자기가 먼저 올라와서 삭발을 했던 거예요. 그래서 "아이 씨, 내가 해야 되는데…" 그

경빈 엄마 전인숙

러면서 결국은 제가 못 하고 아빠가 했었죠.

면담자   아, 그러셨구나. 여자들의 삭발이라는 게, 본인뿐만 아니라 옆의 가족들에게도 상처가 될 수 있는 경험이니까 아마 그래서 그러셨나 보네요.

경빈 엄마   그때 삭발할 때만 해도 거의 보면 전 지역으로 간담회 다니고 뉴욕까지 갔다 온 다음이었잖아요. 그러다 보니까 뉴욕에서는 텔레그램, 카톡 이런 쪽으로 '절대 하시면 안 돼요, 절대 하시면 안 돼요' 이런 게 막 날아오고…. 각 지역에서는 '경빈이 엄마는 절대 하시면 안 된다'고 그러고…(웃음).

7
해외 활동

면담자   뉴욕은 며칠날 가셨던 거예요?

경빈 엄마   정확하게 날짜는 잘 모르겠어요. 3월 초에 갔는데….

면담자   19박 20일 한 게 2월 14일이니까. 그러고는 전국 북 콘서트를 하고, 그사이에 가셨나 보다.

경빈 엄마   예, 3월 2일. 정확하게는 지금 기억이 안 나요. 근데 3월 초 제가 갔다 온 걸로 알고 있는데.

면담자   네네. 몇 박 며칠 갔다 오신 거예요?

경빈 엄마   그때가 15박 16일이었나?

면담자   뉴욕에 가셨던 거 얘기 좀 해주세요.

경빈 엄마   동부랑 서부랑 나눠서 동부에 두 분, 서부에 두 분. 그래서 저희는 동부에 동혁이 엄마랑 저랑. 네, 그렇게 해서 둘이 갔어요.

면담자   그 얘기 좀 해주세요.

경빈 엄마   예, 정말 기억에 남는 게, 눈 오는 거 있잖아요. 그냥 저희는 눈이, 그렇게 눈 구경 잘 못 하잖아요. 눈을 막 산처럼 쌓아놓고, 이렇게 모아놓고 이러다 보니까 '이야, 눈이 이렇게 많이 오는 동네인가' 이랬었는데…. 저희 가고[도착하고] 나서도 눈이 몇 차례 왔어요. 근데 정말 많이 오더라구요, 차가 못 다닐 정도로 눈이 많이 오니까. 저희가 여기서 오전에 출발을 했잖아요. 갔는데 오전인 거예요. 그러면서 이분들이 [시차 때문에] "저녁에 잠을 자려면 재우면 안 된다" 그래서 가자마자 일정을 잡아놓은 거예요. 가자마자 일정을 잡아놔 가지고 그때부터 기자회견을 하고 막 하면서…, 저녁에 저희가 머물고 있는 숙소에…….

면담자   뉴욕한인회에서 초대를 해서 가신 거죠?

경빈 엄마   아, 한인회는 아니구요. 세사모라 그래서 '세월호를 사랑하는 모임'[세월호를 잊지 않는 사람들의 모임] 있잖아요. 세월호

를 기억하는, 세사모…? 사랑하는…? 아무튼 그 모임에서 초대를
해주셔서 저희가 간 건데. 정말 첫날부터 그렇게 눈이 와가지고 눈
을 치운 거예요, 차가 들어와야 하니까. 주차장에서 눈 치우고 있
고…, 동부 쪽은 비행기 운항이 없어요. 무조건 차를 타고 이동해
야 돼요. 5시간 됐든 10시간이 됐든 무조건. 그래서 차를 타고 이
동을 해야 되는데, 거기서 워싱턴 DC, 그리고 뉴저지, 그리고….

면담자   거기에서도 뉴욕뿐만 아니라 여러 군데 다닌 거
네요?

경빈 엄마   네네네. 거기서 다섯 군데, 여섯 군데 잡아서 다녔으
니까. 그리고 필라델피아, 거기를 다 차를 타고 이동을 하는데, 눈
이 오니까 밀리고 밀려서… 그렇게 하면서 다닌 거예요, 저희는.
근데 늘 보면 서부 쪽에는 반팔을 입는 사진을 보내지 않나? 꽃이
피어 있는 거를… 막, '뭐지? 장난치려고 일부러 찍어서 보내나?'
[그렇게 생각했는데] 그런데 아니더라구요, 진짜. 일교차가 그렇게
심하더라구요. 그렇게 보냈었는데….

면담자   여기 한국에서 한국 사람들 만나서 뭐 세월호 알리
는 활동을 했던 것과 그 느낌은 어땠어요?

경빈 엄마   거의, 거의 비슷했어요. 네. 그냥 저희가 그렇게 싸
우면서도 세월호에 대해서 진상 규명도 안 되고 있고, 아무것도 변
한 게 없다 보니까. 그냥 저는 솔직히 '더 큰 곳에서라도 알려서 이
사람들이 정말 목소리를 내다 보면 적어도 한국에서 그 소리를 들

고 좀 바뀌지 않을까. 바뀌었으면 좋겠다'는 마음으로 갔으니까요.

면담자   밖에서 나는 소리가 오히려 이쪽으로 들리게….

경빈 엄마   네네네, 그[러]니까. 사람들이 이 안에서 나는 소리는
'아예 집중을 안 하고 있구나', 그리고 '아예 귀 기울여주지도 않는
구나' 그랬으니까. 그때만 해도 "가라" 그랬을 때 겁이 없었죠. '차
라리 그렇게 해서라도 안으로 [소리가] 들어온다 그러면 밖에서라도
소리를 내야 되겠다' 그러면서 갔는데 똑같더라구요. 나라에서 겪
고 있는 그런 문제점은 한국만이 아닌 뉴욕에서도 그렇고… 그[러]
니까 '다 똑같구나'라는 거를 느낀 거죠, 절실하게.

면담자   그분들 반응은 어땠어요?

경빈 엄마   그냥 처음 반응은… 저희도 깜짝 놀란 게 가면 사진
을 찍잖아요. 무조건 중앙에 세우려고 그러면서 "경빈이 엄마 찍어
야 된다", "동혁이 엄마 찍어야 된다" 그러면서… 막 "가족들이랑
찍어야 된다", 이렇게 얘기를 해요. 늘 저희가 외치는 거는, "저희
는 평범한 그냥 부모였다"고, "우리는 그냥 평범하게 일상생활 하
던 그냥 국민이었다, 우리를 그냥 평범하게 좀 봐달라"고 그렇게
얘기했었는데, 그분들은 계속 가족들을 언론을 통해서만 봤었잖아
요. 그러다 보니까 "언론에서만 봤던 분들을 우리는 실제로 봤다".
그리고 그쯤만 해도 이분들은 그런 마음을 가지고 있었던 거예요.
여기서 활동하는 사람들을 거기 가서 활동하면서 얼굴을 보고 그
런 거는 아예 상상도 안 하고 계시고… 우리 또한 페북이나 이런

걸[로] 통해서 계속해서 활동하는 걸 전해 듣잖아요. 그랬을 때 '야, 대단하다. 이런 데도 있네' 이러면서… '야, 우리랑 틀릴[다를] 게 없네'. 근데 우리는 그냥 여기서 어버이연합이라든가 그러면서 얘기를 하는데 거기는 가스통 할배라 그러잖아요. '야, 이런 것도 있어. 우와 무섭다. 여기 더 쎄네' 이랬었는데 진짜로 있더라구요.

면담자　　아, 뉴욕에서도 그런 사람들을 만났어요?

경빈 엄마　　아니, 만나지는 못했는데 저희가 결론을 내린 게 뭐냐면 '아, 동부 쪽은 너무 추우니까 어르신들이 못 나오는구나' 그렇게 결론을 내렸고 서부 쪽에는 많더라구요. 서부 쪽에는 나왔다 그러더라구요. 그[러]니까 사진도 찍고 그래서 같이 공유도 하고 이랬었는데…. 뉴욕에 갈 때만 해도 약을 미리미리, 바리바리 준비를 해가지고 병원에 가서 미리…. 그래서 멀미도 하고 속도 안 좋고 그러니까 병원에 가서 검사를 한 거예요, 미리. 거기 가서 다운되면[힘 빠지면] 안 된다. 그래서 그렇게 했었는데 "아무 이상이 없다"고 하니까. 그래서 그냥 수면제나 진통제나 이런 거를 미리 다 지어서 준비를 해가지고 간 거예요. 그리고 멀미약 이런 경우는 파스를 배꼽에 부치시라는 분, 약을 준비해서 주시는 분, 이런 분[들이] 있었는데. 뉴욕에서도 많이 들어왔었고, 그래서 먹고 했었는데…. 미리미리 준비를 다 해가지고 갔는데도 이틀째 되는 날인가, 삼 일째 되는 날 완전히…… 다행인 게 의사 선생님을 한 분 만나서, 그 의사 선생님이 링거를 꽂아줬는데… 서부 쪽에서도 어머니 한 분이 그렇게 해서… 저하고 두 분이 그랬었는데. 링거를 꽂는데 뉴욕의 그 교민분이 문에 서서 저를 보는 그 눈빛이… 완전히 그렇게 놀라서 그러고 쳐다보고 계신 거예요. 그래서 "왜요?" 그랬더니 "어, 아니에요, 아니에요, 아무 일도 없어요" 처음에는 그렇게 얘기를 하시는 거예요. 다 이제 수습을 하고 꽂고 그랬어요. 그때만 해도 아프다고 아프다고 이랬을 때, "경빈이 엄마는 엄살이 너무 심하다"고 그러신 거예요, 의사 선생님이. "아, 그런가요?" 그러고는 소리를 안 내려고 많이 참은 거예요. 그러고 나서 다 이제 마무리가 되고 같이 오신 분이 얘기를 하시는데, "경빈이 엄마 안 아팠어요?" 그래서 "엄청 아팠어요. 그런데 엄살이 심하다고 그래서 소리도 못 질렀어요" 그랬더니 그때서야 얘기를 하는 거예요. 피가 막 나는데 자기는 무서워서 뭐라고 말도 못 하겠고 경빈이 엄마는 소리도 안 지르길래, '아, 이게 뭔 상황이지?' 그러면서 보고만 있었다는 거예요, 놀랠까 봐서. 나중에 얘기를 하는 거예요. 뒤늦게 닦아주시고 그러면서 얘기를 하는데, 의사 선생님이 이거를 직접 꽂으신 게 몇십 년 된대요. 거기는 간호사만 이렇게 한다는 거예요(웃음). 하, 해도 너무하셨다고.

면담자   아, 혈관을 잘 못 찾고 버벅거렸구나.

경빈 엄마   네, 너무 오래되시다 보니까. 그래서 그다음 날 되다 보니까 여기가 전체가 너무 퍼런 거예요. 그래서 나만 이제 덤탱이를 썼으니까. "엄살이 심하다고 그러셨죠?" 내가 사진을 찍어서 분명히 보여드리겠다, 그래서 사진을 찍어놓은 거예요. 그래서 사진 찍어놓고 나중에 만날 계기가 되어서 또 만났어요. 만나가지고, "너무하신 거 아니냐. 이게 뭐냐?"고 그랬더니 "아이, 엄살이 너무 심하다"고 그러는 거예요, 그때도. 그래서 그때 교민분들하고 같이 다 만났으니까 보여준 거예요, 사진을. "이러고도 나보고 엄살이 심하대요? 이게 말이 돼요?" 그랬더니 "너무했네" 다들 그랬더니, 그냥 그냥 웃고 넘기시더라구요.

면담자   거기서 주로 교민분들만 만나셨어요, 아니면 미국 사람들 앞에서도 그 통역이 붙어서….

경빈 엄마   네, 대학교 가서….

면담자   어느 대학교 가셨어요?

경빈 엄마   맨하탄[맨해튼] 가서 했는데, 이름이 잘 생각이 안 나네요. 그때만 해도 세월호 활동하시는 분의 따님이 그 학교를 다닌다고 해서 거기를[에서 할] 계획을 잡고 갔어요. 그래서 사회를 그 학생이 보고 통역도 해가면서 했는데…, 학생들이 세월호 참사 그리고 진상 규명, 이런 거를 잘 통역을 못 하잖아요. 그러다 보면 같이 활동하는 분들이 통역을 해주시고 그렇게 했었거든요. 왜 한 문장 있잖아요. 한 줄 얘기하고 한 줄 통역하고, 한 줄 얘기하고 한 줄 통역하고 이러다 보니까 얘기를 어떻게 이어나가야 할지, 어디까지 했지 막 이렇게 까먹는 경우도 있고 그러더라구요. 아, 이거 안 좋구나, 그렇게 되더라구요.

면담자   경빈이 어머니는 외국에 나가 보신 게 몇 번째셨어요?

경빈 엄마   두 번째? 그전에 아이들 있을 때, 제주나 이런 데는 가봤고 중국 정도 가봤는데….

면담자   어쨌든 좀 다른 상황에서 가셨던 것인데, 활동을 하셨던 전반적인 것들을 같이 나누고 그런 행사들이 흡족하셨어요, 어떠셨어요? 돌아서서 생각하시면….

경빈 엄마   그냥 뭐 만족하면서 다녀야 되지 않을까요? 뉴욕 같은 경우도 저희가 가기를 잘했다는 생각을 해요. 그분들 또한 그렇게 지내면서, "아, 우리가 이 정도 했으면 되지 않냐? 많이 하지 않았냐? 그만해도 되지 않겠냐?" 그런 얘기가 한참 나왔었을 때래요. 그러면서 가족들이 가서 간담회를 하고 이러면서 더 많이 참여를 해주시고, "아직 더 해야 되겠구나" 그런 마음을 가지고 오히려 참여 안 했던 분들 또한 같이 참여해 주시고 그러면서 계기가 좋았다는 얘기도 해주시고….

면담자   초창기에 그러다가 불씨가 잦아든 상황에 가서서 좀 기름을 부어주고 오신 거네요. 그리고 활동가들에게도 조금 에너지를 불어넣어 주시고 온 거구요.

경빈 엄마   맞아요. 그래서 필라델피아 같은 경우에는 기억에 남는 게 아저씨들이 와가지고 탁 잡고 끌고 가요. 끌고 가서 "아니, 도대체가 응? 이걸 왜 하고 있느냐. 아니 뭔가 바뀔 거 같아서 하고 있냐, 이길 거 같아서 하고 있냐?" 그런 얘기를 해요. 그래서 "아니, 이길 거라고는 생각을 안 한다, 근데 바꿀 수 있는 건 바뀌어야 하지 않냐, 우리는 바꿀 수 있는 거를 바꾸기 위해서 하는 거지 이길 거라고는, 이길 거를 목표로 하고 싸우지는 않는다. 그리고 정부랑 싸우고 있는데, 우리가 이길 거 같냐"고. "바뀌면 조금이라도 바뀔지 모르겠지만 우리가 이길 거라고 100프로 생각을 하고 싸우지는 않는다" 그랬더니 아, 답답하다는 거예요. "근데 왜 하냐" 이거예요, 계속.

그랬더니 그 교민분들이 알잖아요. 없어지니까 찾고 그러면서 리더한테 가서 "지금 이런 상황이다, 경빈이 엄마를 데리고 와야 한다" 그러면서 "아, 누가 찾는다"고 그러면서 와가지고 데리고 들어가면서 일단락이 되었는데… 간담회를 하잖아요. 영상을 보여주면서 간담회를 하는데… 아, 얘기를 하고 있는데 그분이 앞에서 두세 번째 앉은 거예요. 그러면서 "아, 참" 이런 게 다 들리는 거예요. 앞에서 막 그러고 있으니까 와, 이건 간담회를 계속 진행할 수도 없는 상황이고, 내가 저 사람한테 직접 뭐라고 할 수도 없는 상황이고. 간담회를 하러 갔는데, '야 이거 참, 상당히 난감하네'라고 생각했죠.

근데 저 사람 성향이 어떤 성향인지를 모르겠는 거예요. 같이 동참을 해서 알기 위해서 온 건지, 아니면 방해를 하기 위해서 참여한 건지를 모르겠으니까. 그래서 제가 하는 파트는 그냥 마무리를 지으면서, 마이크를 넘기면서, 되도록이면 마무리를 지어달라고 사회자한테 그러면서 마이크를 넘겼는데…. 그렇게 해서 그냥 경빈이 엄마는 아무 상황이 없이 그렇게 해서 얘기를 마무리를 지은 줄 알았다는 거예요. 그래서 저는 "앞에서 그런 상황이 있었고, 그리고 더 이상 말을 이어나갈 수가 없더라" 그래서 그냥 급하게 마무리를 짓고, 그렇게 해서 마무리를 지었는데… "아, 난 정말 그 사람이 무슨 의중으로 그 자리에 왔는지 모르겠다" 그랬는데, 거기도[주최 측에서도] "그런 사람들이 있었다" 그런 얘기를 하더라구요.

그러면서 그때부터 유가족 지키기가 발동이 된 거예요. 한 명씩 가족들 옆에 붙어 있는 거예요, 그때부터. 그러면서 누군가가 부르고 모르는 사람들이 오면 본인들이 먼저 물어보고 그렇게 됐었는데… 저희는 솔직히 이런 자리가 그냥 우린 하는[우리처럼 활동하는] 사람들끼리 이어나가고 [하는 건 줄 알았는데], 직장이나 직책이나 이런 걸 보면 나중에 보고 막 놀랐잖아요. '아니, 그런 분들이 여기 와서 이런 일 하고 있어?' 그러잖아요. 근데 거기는 보편적으로 보면 선생님, 교수님, 박사님 그런 분들이 다 활동을 하고 있으니까. 이야, 대단한데… 직업이나 직책이나 이런 거에 아무 그런 그게[차이가] 없더라구요. 편차가 없더라구요. 그냥 나오면 "아, 오셨어요?" 하고, 같이 저기를[활동을] 하고. 친구처럼 편하게 지내다 보니까… 우리는 안 그렇잖아요. 가면 아, 교수님, 아, 박사님, 네. 그런 게 있잖아요. 거긴 그게 없더라구요. 아, 희한하네(웃음).

면담자   우리보다는 사회적인 평등성이 좀 더 많은 거죠.

경빈 엄마   그래서 오히려 교회에서 오신 목사님들이나 종교[계]에서 오신 분들 많이 오잖아요. 그분들 또한 그렇게 너무 편견 없이 봐주시니까 오히려 '야, 이래?' [이런 생각이 들더라구요]. 우리가 이제 여기서도 늘 하는 얘기가 있었잖아요. "아이들이 모든 종교를 다 통합을 시켰다" 그런 얘기를 했었잖아요. 근데 거기 가서도… 내가 교회를 다니고 절을 믿고 그런 것은 아니지만, 불교를 믿고 그런 저기는 아니지만, 아, 우리가 정말 어렵게 다가가잖아요, 내 종교가 아니면…. 그런 상황인데 그냥 너무 편하게 그렇게 갔다 온 거 같아요. 그래서 저희도 솔직히 지금 엄마 아버지도 불교이다 보니까 오히려 불교라고 하면 덜 어색하기는 한데, 그런데도 막상 [절에] 가서 하라고 하면 어색한 것도 있잖아요. 근데 이런 사람들이 교회나 뭐 가톨릭 이런 데 가면 더 어렵거든요. 근데 그때부터는 그냥 그렇게 어렵고 그런 거는 없었던 거 같아요.

면담자   참사를 겪고 활동들을 통해 여러 종교 단체 분들을 만나고 또 미국에 가서 그런 경험을 하면서 종교에 대해서 가지고 있던 경계가 많이 흐려지신 거네요.

8

2015년 활동

면담자   뉴욕 갔다 오신 다음에 광화문 삭발식에 참여하셨고, 그다음에 시행령 폐기를 위한 집회에서 경빈 아버님이 연행이 되셨던가요?

경빈 엄마   2014년, 2015년, 어…. 그때가 2015년도인 거 같아요, 4월 16일 이전이니까. 이전 집회에서 잡혀갔으니까.

면담자   2015년 5월 1일 시행령 폐기를 위해서 철야 농성을 하면서 청와대 행진 중에 경찰하고 충돌을 하고 연행이 되셨나 봐요. 이때 어머니도 같이 그 자리에 계셨었던 거고요?

경빈 엄마   네. 저희가 그 뉴욕을 갔다 와서 아마 일주일 지나서 제가 반 대표를 맡은 거 같아요. 그러면서….

면담자   그러면 그 전에는 어떤 역할을 맡지는 않으셨구요?

경빈 엄마   네네네. 그냥 가족으로서…. 저희가 2014년 7월 달인가? 아마 처음 간담회 시작을 하면서, 초창기에 지리산, 대전, 그때 일정이 그랬었거든요. 그때부터 계속 간담회를 다녔었던 거지, 임원을 맡고 그런 거는 없었어요.

면담자   아, 그때는…. 뉴욕에도 역시 임원 자격으로 간 게 아니셨고…. 갔다 오셔서 그럼 2014년 7월부터? 반 대표를 맡으신

게 언제부터였나요?

경빈 엄마   2015년도 3월 말부터 아마 했을 거예요. 그때 그 주에 저희가 광화문에서 그때도 집회가 있어서…. 청운동으로 들어가는 집회가 있었을 거예요. 그러면서 광화문에 천막 있기 전에, 그 뒤에 이순신 동상 앞에 유민이 아버지가 장소를 잡았잖아요. 세종대왕 그 옆으로… 영석이 아빠가 자리를 잡고 있었고, 그리고 광화문 현판 밑 끝에 쪽에 다른 부모님들이 자리를 잡았었잖아요.

그러면서 반 대표를 맡으면서 제가 광화문 현판 밑에서 아빠들 일곱 분하고 그 자리에서 잤던 거예요. 거기서 노숙을 해야 하니까. 그리고 그 앞에는 누가 했는지도 몰라요. 우리는 우리 자리 가서 자야 하니까. 그런 상황이었는데… 엄마들도 주무신다 그랬는데 다들 어디 갔는지 안 계시는 거야. 그래서 그날은 그냥 그렇게 해서 아빠들하고 해서 자고…. 그니깐 1박 2일로 가는 거니까, 늘 1박 2일로. 그리고 1박 2일 새고 또 내려갔다가 또 1박 2일 그렇게 하고 그렇게 했었는데, 정말 춥더라구요, 3월인데. 그래서 정말 누우면, 그때는 아무것도 없었잖아요, 정말. 그냥 하늘 보고 누워서 어떻게든 덮을 그것만 있으면…. 그래서 막 잠바를 하나씩 더 챙겨가서 잠바를 덮고 이랬는데… 정말 추웠던 거 같아요.

12일 날 또 집회를 하면서, 그게 그때도 반 대표였잖아요. 근데 맞나 지금? 그 개월이 맞나요, 지금? 아닌데, 4월 12일 아니에요? 4월 16일 바로 이전 주일 건데요. 4월 집회가….

면담자   4월 12일. 2015년 4월 12일, 네네네.

경빈 엄마   그때 집회를 나가서 얘기를 한 거예요. 아빠들도 그 때는 많이 나오셨으니까, 그리고 이렇게 끌어주실 수 있는 분들이 계셨어요. 그래서 "아버님은 맨 앞자리에서 좀 지켜주시구요. 아버님은 중간에 좀 떨어지는 부모님들을 좀 챙겨주시고, 그리고 아버님은 맨 끝에 부모님들을 좀 챙겨달라"고 그러면서. 막 나오서서 모르시는 분들을 또 챙겨야 하잖아요. 그러면 "맨 끝에 제가 있겠다, 그래서 같이 부모님들을 좀 챙겨줬으면 좋겠다" [그랬어요]. 그때만 해도 반으로 많이 이렇게 돌아갔었거든요.

분명히 아빠들이 서너 분이 같이 다니셨거든요? 근데 막 싸우고 있는데, 아빠들이 막 오서가지고 경빈이 아빠를 찾아요. "아니 경빈이 아빠랑 같이 다니시면서 나한테 와서 찾으면 어떻게 하냐고, 아까 같이 다니지 않았냐?" 그랬더니 아니 갑자기 없어졌다는 거예요. 그러면서 막 또 이제 몸싸움을 하잖아요. 근데 갑자기 어딘가에서 승묵이 아빠가 "전화 좀 받아요" 그래요. 왜 그렇게 전화를 안 받냐고…, 경빈이 아빠한테서 전화 왔다는 거예요. 그래서 "아니, 왜 나한테 안 하고 승묵이 아빠한테 해요?" 그래서 봤더니 부재중전화가 막 찍혀 있는 거예요. 근데 앞에서 막 싸우고, 몸싸움 벌이고 이러다 보면 모르잖아요.

그래서 나중에 전화를 했더니 "어디야?" 그랬더니 모른대요. 엥? 차 안인 것만 안다는 거예요. "아니, 어디 차 안인데?" 그랬더니 아니 뭐 버스 뒤에 있는 차 안인데 몇 번째 차인지도 모르겠고. 그

130

경빈 엄마 전인숙

냥 신길래 탔다는 거예요. 근데 어느 차인지도 모르겠다는 거야. 그러면서 잡혀갔다는 거야. [저보고] "전화를 받아야 전화를 하는데 전화를 안 받는다"고. "아, 뭐 했는데 잡혀갔어?" 그랬더니 "아무것도 안 했다"는 거야. 이렇게 지나가는데 팔목이 딱 잡혀가지고 한 번은 뿌리쳤는데, 승묵 엄마 잡혔는데 이렇게 잡혀갔다는 거예요.

근데 잡혀가지고 안에 들어가면 엄마들은 보내는데 아빠들은 뭐에 찔리는데, 뭐에 찔리는지 모르겠다는 거예요. 그러면서 이렇게 좀 때리기도 한대요. 티 안 나게 때리기도 하는데…, "아이 씨, 맞기도 했어" 그래요. 근데 얼굴에 보니까 일부러 찍힌 건지는 모르겠는데, 이렇게 찍힌 자국이 있더라구요. 그래서 "이게 뭐야?" 그랬더니 "아, 몰라. 뭐가 따끔거리기는 하는데 뭔지 모르겠다" 이게 자국이 있더라구요. 그때만 해도 박주민 의원이 변호사로 있었잖아요, 가족들하고 같이 있어서. "아, 지금 차에 실려 갔는데, 왜 실려 갔는지도 모르고 잡혀갔다", "아, 그렇냐고 알았다"고 전화번호도 주고 하다 보니까.

그날은 이상하게 앞에서 싸우고 소리 지르고 그런 사람들이 아닌 제훈이 아버님하고 [우리 남편하고] 잡혀갔더라구요. 그[러]니까 앞에 가서 싸우고 이런 걸 싫어하는 사람들이 거기에[경찰차에] 있는 거예요. 그[러]니까 우리들이 봤을 때는 저분들이 너무 평범하고 너무 조용하고 정말 싸우고 이런 거를 싫어하실 분들이 거기 계신데, 그분들이 잡혀가신 거예요 정말. 그래서 "이분들은 왜 잡혀가신 거야?" 그랬더니, 전부 다 우리가 웃을 정도로. 근데 그런 분들만 잡혀간 거예요, 그날. 그래서 너무 어이가 없는 거잖아요.

면담자   세 분, 그날 세 분이 잡혀간 거죠? 제훈이 아빠랑 경빈이 아빠, 그리고 또 한 분…?

경빈 엄마   또 한 분이 누구지? 다 조용하신 분들이에요(웃음). 네, 그[러]니까 우리가 어이가 없는 거예요. 앞에 가서 몸싸움을 해, 그렇다고 욕을 해, 막 싸우고 그런 사람들이 아닌데…. 아무튼 그날은 조용한 세 분이 잡혀갔어요.

면담자   몇 시간 만에 나오셨어요?

경빈 엄마   그날 내려올 때까지…. 아마 새벽에 나왔으니까, 몇 시간인지는 잘 모르겠어요. 올 때까지 우리가 기다린다 그래서, 올 때까지 우리가 기다렸으니까, 다 풀려날 때까지…. 그래서 그날 나오고 내려왔으니까, 저희가.

면담자   유가족들을 이런 식으로 경찰차에 실어서, 아마 폭행까지 있었다니, 드문 사례였던 거 같아요. 기사가 엄청 많더라구요. 이 일에 관련된 기사들이요.

경빈 엄마   네, 그때가 아마 한두 번? 두 번째인가 세 번째인가 그랬을 거예요.

9

동거차도 감시와 교실 존치 운동

면담자　　동거차도 감시단도 반별로 활동을 하시게 되면서 참여를 하신 거죠?

경빈 엄마　　그때는 반별로가 아니었고 그냥 들어갈 수 있는 분들 해서 들어갔던 거 같아요.

면담자　　처음에 남자분들이 가서서, 진도인가 광주 MBC랑 인터뷰한 기사들을 봤거든요. 아, 그러다가 나중에는 반별로, 당번제로 돌아가게 된 거였죠?

경빈 엄마　　그[러]니까 [처음에는] 하신 분들만 이렇게 돌아간 거 같고. 그리고 부모님들이라, 적어도 우리 아이들이 어떤 상황에서 얼마나 [고통스럽게 세상을 떠난 건지…]. 억울하잖아요. "그 상황을 봐야 할 거 같다" 그런 얘기도 나오고 하는 상황에서 "반끼리 돌아가는 것도 괜찮겠다" [해서] 얘기를 회의에서 했던 거죠. 그러면서 "어차피 가신 분들만 계속 갈 수는 없고, 반끼리 해서[돌아가면서] 좀 하자" 그래 가지고 이제 반끼리 돌아가면서 그렇게 됐던 거죠. 그 전에는 그냥 순범이 엄마가 6반이에요. 순범이 엄마, 웅기 엄마, 저 이렇게 해서 처음으로 엄마들끼리 거기 처음으로 들어갔던 거고, 그다음에 들어간다 해서 그때는 4반에 승묵이, 수현이, 경빈이 [엄마] 셋이서 들어갔다 오고. 그렇게 해서 엄마들도 들어갔다 나오시고… [그 후] 이제 반으로다가 많이 돌아갔죠.

면담자   그러셨구나. 교육청에서 했던 교실 존치 싸움에 참여하면서 기억에 남으시는 일이 있다면?

경빈 엄마   아휴, 그냥 그런 거 같아요. 정치인들도 그렇고 무언가를 물어보면 '기억이 안 나요. 아, 그게 언제였지?' 이런 얘기를 하잖아요. 근데 그 모든 하나하나가 기억에 남는데, 우리 같은 경우는, "어떻게 기억에 안 남을 수 있는지. 아니면 그만큼 중요하게 안 봤을까?" 그런 생각을 해요. 근데 정말 교실에 가서, 교육감이 오고 누가 오고 그러면서, 그렇게 와서 얘기가 되고 한바탕 난리 나고 책상을 옮기고 이런 과정이… 다, 다 느끼잖아요.

느끼면서 정말로…, 어느 TV에 한번 나간 장면이 있는데, 제가 경빈이 책상을 안고 막 울었던 적이 있어요. 그러면서 "아, 경빈이 엄마가 저렇게까지 우는 그런 모습을 본 게… 그 방송을 보면서 처음 봤다"고 하시는 분들도 계시고, "경빈이 엄마 때문에 많이 울었다"고 하는 분들도 계시고. 그렇게 얘기를 하시는데 저는 안 봤으니까 잘 몰라요. 그 당시만 해도 뭘 찍어 갔는지도 잘 모르겠어요, 저는. 근데 찍었다고 그게 방송에 나갔는데… 그때만 해도 저희가 아이들을… 뭐라 그래야 되죠? 처음에 보낼 때 관이죠, 관에 넣어서 한 번 보냈잖아요. 근데 학교를 갔는데 보냈던 그 과정을, 또 다시 우리가 또 그 짓을 하고 있는 거예요. 그래서 너무 억울하고 아이들한테 너무 미안하고 그래서 정말 엉엉 운 적이 있는데…. 그게 어떻게 잡혀가지고[찍혀가지고] 나갔는지는 모르겠는데, 근데 그런 장면 하나하나가 [다 기억이 나요]….

저희는 내내 새벽까지 계속 뭔가 만들고 있고 그랬었거든요. 안 들어가고 3시, 4시까지 있다가 갈 때도 있고, 그다음 날까지 있다가 갈 때도 있고. 계속 거기에 있었거든요. 그러면서도 저희가 피케팅을 나갔었잖아요. 피케팅하러 다니고 이랬었는데, 그때 [안산] 25시 광장에서도 저희가 그때 행사가 있었어요. 천막을 하나 놓고 가족들이 거기서도 서명도 받고, 풍선도 불어서 나눠 주고 핀버튼이나 배지나 해가지고 진짜 저희가 '알릴 수 있는 방법은 최대한 한다' 그래서…, 그때도 거기서 행사하고, 끝나면 학교로 가고 계속…. 학교에 있을 때도 계속 그렇게 했었거든요. 근데 그거 하나하나조차도 우리는 기억에 다 있는데. 그[러]니까 뭐가 소중하고 뭐가 덜 소중하고 이런 게 없이 다 소중했던 거예요. 근데 교육청에 지금 경빈이 책상이 안 가 있어요, 아직.

면담자   아, 그러면 아직 교실에서 빼지 않으셨어요?

경빈 엄마   아니 아니요. 그… 집에 있어요. 경빈이 책상 위에 있던 것들은 교육청에 있어요. 시간이 되고 갈 시간이 되면 나중에 책상을 가지고 교육청에 갖다 놓겠다 했지만 안 내키는 거예요. 교육청이 공부를 할 수 있는 교실은 아니잖아요. 그리고 굳이 이 상황인데 아이들 책상을 거기에 갖다 놓을까, 그리고 저희한테 계속 얘기를 했던 거는 "교육관을 지어주겠다. 지어주겠다" 하고 교실을 빼잖아요. 근데 안 하고 있잖아요. 아직도 부지 선정을 해야 하고, 이런 얘기를 하고 있는데…. 처음부터 저희가 그 얘기도 했었어요. "언제까지 이 거짓말을 계속 믿을 것이냐? 단지 우리가 원하는 것은 다른 거 없지 않냐. 첫 삽이라도 뜨는 거 보고 나가겠다. 애초에 우리가 세월호 인양되고, 미수습자 돌아오고, 그리고 선생님하고 우리 미수습된 학생들하고 돌아오면 그때 같이 가는 게 맞다" 그렇게까지 얘기를 했지만 안 됐잖아요. 그러면 "적어도 교육관 첫 삽을 뜨는 모습이라도 보고 나가겠다" 그런데 그렇게 해주겠다고 해놓고 안 하고 있는 거잖아요.

면담자   경빈이 어머니처럼 하신 분들이 또 있으세요?

경빈 엄마   그럼요. 거의 비슷했어요, 비슷했는데…. 그때만 해도 부모들이 그 선택을 따르겠다 그렇게 해서 했는데, 그 선택이 조금 높았던 거죠. 그렇게 해서 결정을 했었던 거고… 아직도 안 해주고 있잖아요. 그래서….

면담자   특히 학생들이었기 때문에 교실이라는 장소의 의미가 참 특별했던 거 같아요. 어머니한테 몇 번 더 말할 수도 없었겠죠. 사회적으로도 역시 그 의미를 인정해 주고 좀 존중해 줬어야 했는데 말이에요.

경빈 엄마   그래서 그거예요. 지금도, "아니 왜 경빈이 책상 없냐?"고 물어보시는 분들이 계세요. 그러면 거기서 일하시는 분들은 "경빈이 책상 왜 안 가지고 와요?" 그렇게 얘기를 하지만, 그분들이 애기를 할 때는 그냥 "무단결석하고 있다"고 애기하셔요. 그렇게 애기를 해요. 근데 시민분들이 오셔서 이렇게 물어보시면 교육청이 공부할 수 있는 장소는 아니잖아요. 그리고 공부하는 장소이기 이전에, "우리한테 교육관을 지어준다고 애기를 해놓고 아직도 안 지어주고 있다"[고 애기해요]. 근데 과연 우리가 책상이나 이런 거를 다 옮겨놓으면 "아, 이래도 부모들은 저렇게 생각을 하고, 저래도 저렇게 생각을 하고 있겠구나"라는 애기를 맨날 할 것이고. 근데 나는 "그거는 좀 아니다. 언제까지 우리가 속고 있을 거냐고. 그리고 그렇게 급한 거는 아니라고 본다. 그래서 그냥 시간 날 때 가기는 하겠지만, 그렇게 급하게 서둘러야 될 문제는 아니라고 보기 때문에… 애기는 안 했으면 좋겠다" 그렇게 애기를 하거든요.

면담자 가족협의회 차원에서 통일된 행동을 취하지는 않고, 부모님 각각의 선택에 맡긴 거예요? 책상을 그쪽으로 가는지 안 가는지?

경빈 엄마 원래 그렇게 옮기는 게 맞기는 해요. 근데 당시에 책상을 옮겨야 되는데, 밖으로 빼고 있었잖아요. 근데 내가 솔직히 그때만 해도 너무 힘든 단계에서, 갑자기 앞으로 쭉 나가다가 막혀버린 거예요. 그래서 "아니 왜 하다가 마냐?" 그랬더니 밖에서 누가 막고 있다는 거예요. 어머님이신데 막고 있다는 거예요, 밖에서. 그래서 기다리라는 애기를 하셨는데, 기다리면서 화가 나는 거예요. 너무 어렵게 같이 하고 있는데… "아, 이거는 아닌데" 하다가,

"아, 안 되겠다, 경빈이 아빠도 일을 가야 되고…" 이런 상황이고 그래서 "여보, 우선은 내가 여기서 늦게까지 같이 할 테니까 책상을 그냥 빼라, 집에다 빼자" 그런 거예요. 그랬더니 처음에는 "에이, 조금만 기달려봐" 그러다가 안 빠지니까, "아, 나가야 되는데 도대체 누구냐?"고 막 이러는 거예요. 그래서 당분간은 "그냥 [집으로] 빼자" 그랬더니 이제 "알았다" 그러면서 [집으로 가져온 거죠]…. 그때 오천이도 맡긴 상태에서, 오천이도 같이 빼고 그런 상태인데…. 오천이는 갖다 놨나 모르겠어요. 갖다 놓은 거 같기도 하고….

면담자   그럼 책상을 교육지원청으로 보내지 않고 집으로 가져온 집들이, 경빈이네를 포함해서 좀 있을까요?

경빈 엄마   그때 가져갔던 분들이 다시 교육청에 갖다 놨는지도 모르겠고, 확인을 안 해봐서…. 학교에서 안 빼신 분들도 아직 학교에 있기는 해요.

면담자   아, 학교에서 안 뺀 분들은 학교에 지금도 있어요?

경빈 엄마   네, 미수습자 가족들하고, 아직 돌아오지 못한 선생님도 계시고. 아마 거기에 두세 분이 더 계신 걸로 알고 있는데, 그분들은 뺐는지 안 뺐는지는 모르겠어요.

면담자   지금 교실이 활용이 되고 있는 건 아니잖아요. 그렇다면…?

경빈 엄마   얼마 전에 교실을 찍어서 선생님 한 분이 올렸더라구요. 그런데 그걸 밝게 하겠다고 하는데, 제가 보기에는 어색하던데요. 그래서 그 교실을 쓰겠다고 해놨더라구요. 지금 학생들이나 [보러] 오신 분들은 교육청에 가서서 [옮겨놓은] 교실 보면 "정말 이럴 줄은 몰랐어요" 그런 얘기를 해요. 어떤 면에서 그렇게 생각을 하냐 하면, 정말 그대로 교실에 있는 걸 그대로 옮겨놓는다 그래서 다 그대로 복원을 했는 줄 알았대요. 근데 와서 보니까 해도 너무 하더라. 그리고 1층 같은 경우는 그나마 덜한데 2층 같은 경우는 너무 좁은 데다가 교실에 있는 걸 다 옮겨 놓은 것도 아니고. "너무 하더라, 정말 화가 나더라" 이런 얘기를 하더라구요. 근데 뭐 이미 옮겨졌고….

면담자   교실 지키는 건 부모님들 몫보다는 저희 같은 시민들의 몫인데 저희가 제대로 싸워주지 못한 것도 너무 크죠.

10
전국 간담회와 거리 투쟁

면담자   2014년부터 전국 간담회 진행할 때 정말 여기저기 가리지 않고 다니셨는데, 혹시 가셨던 곳 중에서 특별히 기억에 남는 곳은 어디신가요? 기억에 남는다면 왜 그런지 말씀해 주세요.

경빈 엄마   간담회 갔던 장소나 이런 곳은 다 기억에 남고 힐링[치유]이 되고 막 너무 좋았었거든요. 궁금한 거를 막 물어보실 때

왜곡된 보도에 대해서 물어보시고 그랬을 때 얘기를 할 수 있으니까. 그리고 저희가 직접적으로 얘기를 해주니까 그거는 참 좋았는데… 너무 확 좋아서 좋은 게 아니고….

기억에 남는 게 노동조합 같은 데 가잖아요. 민주노총이나 이런 데 가잖아요. 노조에를 갔는데, 그때 아마 수현이 엄마랑 갔을 거예요. 엄마들 둘이 갔는데, 500명, 600명 되는 분들이 열을 쫙 해서 앉아가지고…. 그때는 조끼가 초록색이었어요. 초록색을 입고 정말 꽉 차 있는 거예요. '야, 큰일 났다. 가서 무슨 얘기를 해?' 그리고 저희가 들어왔던 얘기는 늘, "회사생활을 하면서도, 조합 이런 데 옆에는 가지도 말아라. 무서운 곳이다" 그런 얘기를 듣고 했었잖아요.

면담자 　　그러니까, 다니시던 회사에는 노조가 없었나요?

경빈 엄마 　　아니 있는데, "거기는 옆에도 지나가지를 말아라, 무서운 곳이다" 이런 얘기를 했었잖아요.

면담자 　　아, 그래서 회사 다닐 때 노조 활동은 안 해보셨어요?

경빈 엄마 　　네네. 맞아요.

면담자 　　아주 조심조심 살아오신 거네요(웃음).

경빈 엄마 　　가면 큰일 나는 곳인 줄 알았던 거예요. 그리고 언론에서도 보면 "빨갱이, 빨갱이다 뭐다" 그런 얘기를 막 하잖아요. 그래서 '아, 저 사람들은 정말 저렇게 행동을 하면 안 되는데, 저렇게 행동을 하는가 보다' 그냥 그랬던 거였잖아요. 근데 그 조합을…, 정말 5, 600명 되는 그 중앙을 저희가 앞을 지나가야 해요. '큰일 났네. 야, 저기를 가서 과연 우리가 무슨 얘기를 할 수 있을까?' 그 랬는데 가서… 그게 있잖아요.

마이크를 잡고 처음에는 인사를 하잖아요. 인사를 하는데, '안 녕하세요? 저희는 2학년 4반 임경빈 엄마'고 뭐 이런 얘기를 하잖 아요. 근데 조금씩 조금씩 얘기를 하면서 이렇게 앞을 봤는데 같이 울고 계신 거예요. 그래서 '어? 이거 우리가 생각했던 그런 분위기 가 아닌데…' 그러면서 또 얘기를 하다 보니까 자연스럽게 지금 활 동하고 있는 내용, 잘못되어 있는 그런 내용, 이런 거를 막 얘기를 하면서… 많이 알고 계신 거예요, 세월호에 대해서. '어, 세월호에 대해서 굉장히 많이 알고 있구나' 그래서 오히려 저희한테 힘이 되 는 말씀을 많이 해주시니까 '어라? 그렇게 겁먹고 왔던 그런 단체 가 아니네?' 그러면서 저희가 [가지고 있던 노조에 대한] 이미지가 바 뀐 거죠.

면담자   아, 경빈이 어머니가 세상에 대해서 가지고 계셨던 어떤 편견이라면 편견 같은 생각들이 좀 많이 깨지신 거네요.

경빈 엄마   '아, 저분들 또한 부모였고, 저분들 또한 이 사회에서 지금 안 좋은 거를 깨기 위해서 활동하시는 분들이구나', 이게 와닿 은 거예요. 그러면서 '아, 이게 뭐지? 우리가 여지껏, 우리가 헛살 은 거야?' 이렇게 되면서. 간담회를 다니면서 늘 저희가 했던 얘기는 그 얘기가 있었어요. 법 없이도 살던 사람들이었고 그리고 정말 아이들 위해서라면 뭐든 하려고 했던 그런 사람들이었고, 그리고 정말 세금이란 세금은 따박따박 내가면서 정말 열심히 살았다는 자체가…. 정말 그렇게 했던 말들이었는데, 그 말 자체가 너무 창피했던 거예요. 그게 아니었구나.

면담자   어떤 면에서요?

경빈 엄마   세금을 따박따박 내가면서 지금까지 살아왔던 게…. 그게 아니었던 거예요. 그니까 적어도 세금이라 하면, 국민들이 제대로 받을 건 받아가면서 세금을 내는 게 맞는 건데, 그냥 내라고 하면 내고 그러고 살았던 거잖아요. [국가한테 대접]받지도, 제대로 받지도 못하고….

면담자   그러니까 어떻게 생각하면 국가의 명령에 순종하고, 의무만 다하고 살아온 나를 깨달은 거네요.

경빈 엄마   세월호 참사를 겪다 보니까 너무 우리가 주위에 신경 쓰는 그런 것도 없었고, 단지 앞에만 보면서 살아왔던 거고…. 그리고 앞만 보고 달리면서 우리가 살아갈 수 있었던 거는 죽어라고 벌면서 열심히 세금 내가면서 그러고 살았던 거잖아요. 근데 '그게 아니었다'라는 거를 새삼스럽게 느낀 거죠.

면담자   아, 그런 간담회를 가서서….

경빈 엄마   아니, 세월호 참사를 겪으면서, 이 모든 일을 겪으면

경빈 엄마 전인숙

서, 싸우면서, 간담회를 해가면서⋯. 이렇게 살다 보니까⋯ '아, 이 래서 연대를 하고 같이 살아야 하는구나' 그런 것도 느끼고, 그러면서 저희가 '투쟁'이라는 단어를, 도보를 하면서, 집회 참여를 하면서 [난생처음 써보고]⋯. 도보를 하잖아요. 그러면 대학생들하고도 걷고 일반 시민들, 어느 지역하고도 걷고, 동서남북 해가지고 한군데로 모여서 집회를 하고 그러잖아요. 근데 도보를 하면서 노래가 끝난 다음에 구호를 하나 외치는 거예요. 우리끼리 가면서, 누구한테 물어보지는 못하고, "뭐라고 하는 거야?", "글쎄 모르겠네, 도대체 뭐라고 하는 걸까?" 뒤에서 자꾸 노래가 끝나고 뭔가를 붙여요. "또 붙였어. 뭐래? 들었어?" 우리끼리 어디다가 물어보지는 못하고. 자기네들은 알고 쓰는 거 같은데, 그 공통된 단어를 물어보지를 못하는 거예요, 창피해서. '우리만 못 알아듣는 건가?'

어떻게 하다 보니까, 집회를 몇 차례 다니다 보니까 들리는 거예요. 노래 끝난 다음에 "투쟁!" 그러는 거야, '투쟁'이라는 거였어 (웃음). 또 우리끼리 "아, 그래? 그게 벌써 들려?" 우리끼리 그런 얘기를 했었거든요. 처음에는 그런 걸 외치라 그러면 되게 낯설고, '저걸 우리가 외쳐야 돼?' 그랬던 거예요.

면담자   입에서 제대로 돌지 않는 거죠, 내 말 같지 않고⋯.

경빈 엄마   네. 집회를 나가면서 하다 보니까 지금은 오히려 우리가 더 '투쟁!' 그러고 외치고 다니고 있고. 그래서 밖에서 보는 분들이 "반(半)투쟁가가 다 되었다" 그러더니 '정말 그런가?' 이럴 정도로 그렇게 되는 거예요.

면담자   거리에서 단련이 되는 거죠.

경빈 엄마   지금 솔직히 여기서 100일 집회로 넘어가기는 그렇긴 한데, 100일 집회를 하면서 이제 거리로 나와야 되잖아요. 정부를 상대로 싸워야 되잖아요. 근데 경빈이 아빠가 한마디하더라구요, 그때. "우리가 누구랑 싸워야 되는지는 알아?" 그래요, "왜? 누구랑 싸워야 되는 건데? 누구랑 싸워도 싸워야 될 거 아냐" 그랬더니 그때 김기춘이를 얘기를 하는 거예요. "김기춘이란 사람이 얼마나 무서운 사람인지 모르지?" 그래요. "아니, 들었던 거는 있었어" 그랬어요. 그랬더니 "야, 저 사람하고 싸워야 하는데, 과연 싸움이 될까?" 그러는 거예요.

그러면서 "조만간에 가족들이 하나둘씩 없어질 수도 있다" 그런 얘기를 하는 거예요. 근데 늘 투쟁을 하러 나가고 집회에 나가고 그러면 앞에 서서 싸우고 그러는 게 무섭기는 해요. 근데 무서움을 안괴[되] 갈 수 있는 게, '아이들 일이기 때문에 간다'라고 늘 얘기를 하면서 가거든요. 그러니까 티는 안 내도 늘 무서운 거야. 무서우면서도 하기는 했는데, 아이들 때문에… 그니까 아이들 때문에, 경빈이 때문에 갈 수 있었던 거고. 그때도 그 얘기를 했던 게 뭐냐면 "설마, 이렇게 나오던 사람이 갑자기 없어지면 찾지 않을까?", "나는 그 기대감을 가지고 한다. 그리고 만약에 그것도 없고, 만약에 진짜 찾는 사람 없으면 어떻게 하지?" 그 얘기도 했었어요.

경빈 엄마 전인숙

둘이 얘기를 하면서. 그래서 얘기를 하면서 "괜찮아. 그래서 당신은 ○○이를 봐. 그러다가 내가 없어지면 날 찾아" 그랬어요. 그랬더니 "그럴까?" 근데 야, 그때부터 걱정을 했었던 거예요. 근데 실질적으로 이렇게 김기춘이가 떡하고 나올 줄은 몰랐던 거죠.

면담자 그러니까요. 이 사건의 어떤 정체와 진상이, 정말 물밑에 가라앉아 있던 것이 서서히 떠오르고 있는 거죠.

경빈 엄마 근데 실질적으로 진짜 우리가 그런 거를 여러 번 봐왔잖아요. 그러다 보니까 '이거 뭐 죽어라 싸워도 저것들이 조작 하나 하면 그걸로 휙 덮어질 건데, 아이 씨 이 싸움이 될까?' 그러면서도 싸우잖아요.

면담자 그러니까 아무것도 된 것 없이 2년 8개월 그러는데… 그게 아니라 잘 싸워오신 거죠, 결국은. '우리끼리 누구도 없어지고, 정말 소리 소문 없이…' 이것이 아니라 잘 싸워왔고, 이제 어떤 상황을 직면을 하게 된 거고, 수면 밖으로 정말 끄집어 올리고 있는 중인 거죠. 여기까지 정말 잘 오신 거예요.

경빈 엄마 그나마 없어지고 그러면 그런 게 있더라구요. '누가 안 보인다, 누가 안 보이는데 그 사람을 찾아야 된다' 이런 게 나오다 보니까.

면담자 어마어마한 두려움 속에서 여기까지 오신 거네요.

경빈 엄마 네. 그래서 '야, 이 정도면 그래도 많이 바뀐 거 같다'. 근데 제가 저기[인정] 하는 거는 딱 두 가지가 있는 거 같아요. "국민들 의식 수준을 높여준 거 같고, 그리고 국민들이 단합을 할 수 있게 만들어준 거 같다", 이렇게 제가 얘기를 해요. "그거는 좀 잘한 일이다" 그렇게 얘기를 하는데… 어, 글쎄요, '아이들 일이니까 그렇게 단합이 되어서 갈 수 있었다'고 생각을 해요.

면담자 6반 엄마들하고 제가 좀 친하게 되었어요. 저도 금요일 날 시간이 맞아서 여기 오게 되면 그 어디지? [안산]중앙시장 거기, 그래서 그분들 선전전 하는 데 같이 가서 몇 차례 참석하고 그랬었는데…. 안산에서 시민 선전전 나가면, 내 이웃도 보게 되고 또는 경빈이 친구들을 보게 될 수도 있잖아요. 다른 지역 나가서 하는 것과 내 동네에서 하는 것과 다를 거 같은데, 다른 동네가 오히려 좀 자유롭기도 할 거 같은데. 좀 어떠세요?

경빈 엄마 어(웃음), 처음에는 그냥 여기가 맨날 다니던 곳이라 '누구 마주치면 어떡하지?' 그런 게 있어요, 늘. 그래서 내 지역이 아닌 다른 지역에 가서 피케팅을 하시는 분들도 계시기는 하지만…. 근데 의외로 처음에 그렇게 했다가…, 저희 같은 경우는 한정을 지어놓고 할 수가 없잖아요. 그 지역이 비면 또 그 지역 가서 해야 되다 보니까. 그냥 그런 거 없이 다니다 보니까 [지금은] 괜찮아요. 처음에만 힘들다 뿐이지 괜찮아요. 괜찮은데, 하다 보면 괜찮아지는데, [그것보다] 저희는 늘 두려움을 안고 있는 게, 좀 연세 드신 분들이 이렇게 다가오잖아요. '아, 또 뭘 가지고 시비를 걸까?'

그 마음 준비를 늘 하고 있는 거예요. 그래서 [어르신이 다가오면] 그렇게 하고 있는데, 오히려 그렇게 [마음의] 준비를 하고 있는 상황에서 "고생한다"고 이렇게 절을 하고 가시는 분들도 계세요. [그런 분들 가운데] 머리가 이렇게 하야신 분들도 계시고, 의외로. 그런 분들도 계신 반면에 오히려 또 한 50대? 40대에서 50대 그 나이에 끼신 분들이 가끔 한두 분씩 오셔서 시비 걸고 가시는 분들이 의외로 있거든요.

면담자   바로 경빈이 자녀 또래 자녀들이 있는 그분들이요?

경빈 엄마   맞아요. 저는 길에서 느꼈던 게, 10대 아이들의 모습에서 희망 같은 걸 참 많이 봤어요. 굉장히 날이 추웠는데, 어떤 여학생 둘이 서명을 하고 갔어요. 근데 조금 있다가 다시 왔어요. 그러더니만 캔 커피를 세 개를 사다 주고 가는 거예요. 지네들도 주머니가 얇은[돈이 없는] 나이들이잖아요. 그리고 누구에게 선물하는 건 내가 가장 먹고 싶은 걸 사다 주잖아요. 그거를 받으면서 마음이 어찌나 뭉클한지. '우리가 어떤 서명운동을 나가면 대부분 3, 40대가 서명을 주로 하는데, 이 서명은 참 드물게 10대들이 가장 많이 서명을 하는구나' 그 생각도 참 많이 했어요.

경빈 엄마   거리에 나가면 정말 그 고사리손으로 가지고 와가지고 "이거 여기다 두고 드세요" 하고 두고 가는…. 그러면 "아니 이걸 너희들한테 굳이 받아야 될까?" 그러면 "네, 받으셔야 돼요" 이러고 가고. 그리고 간혹 가다 우리가 박근혜 탄핵 소추 가결되고 뭐 이런 내용이 있었잖아요. 그래서 막 거기서 피켓을 들고 있다가 그런 얘기를 하니까, 아이들이 "그게 뭐예요?" 묻는 거예요. 그래서 "어라, 가만있어 봐, 어렵구나" 그래서 "아, 이런 말을 쓰면 참 어렵다"는 걸 느끼면서, 말을 좀 쉬운 말로 풀어서 안내를 하는 게 맞을 거 같은데… 그러면 또 길어지잖아요. 참 그거를 어떻게 해야 할지 참 난감한데, [그래서 물어보는 아이들한테] 설명을 해줘요. 설명을 해주면, "아 정말요?" 그러면서 [설명해 주니까] 너무 좋아하면서 가는 경우도 있고, 그게 있더라구요. '아, 이게 피켓은 되도록이면 쉽게 쉽게 만들어야 되겠구나' 늘 숙제를 안고 있어요.

면담자   아, 그것도 거리에서 배우시는 거네요. 어떤 면에서는 거리에 서본다는 게, 거기에 서본 사람과 서보지 않은 사람 간에 어마어마하게 큰 경험 차이가 있죠. 거리가 또 인생의 다른 학교가 되는 거 같아요.

경빈 엄마   어르신들이 얘기를 할 때는 "아직 진도 앞바다에 세월호가 인양이 안 되고 있다"고 그러면, 아니 그게 "언제 빠진 건데 아직도 인양을 안 했냐?"고 그런 경우도 있고. 어떤 분들은 "적어도 배를 타고 가다가 일이 이렇게 상황이 발생이 되었으면 아니 무조건 선상으로 뛰어 올라오는 게 맞는데… 배 안에 있으라 한다고 있는 게 말이 돼요?" 그렇게 오히려 반문하는 사람들도 있고. "미수습자가 있다"고 해도 모르는 분들도 계시고 이러다 보니까. "아, 어렵구나, 좀 쉽게 하자" 그러면서 특별법 시행령 해가지고 우리가 이

걸 거리로 들고 나가서 아무리 외쳐도 모르는 사람들은 그냥 지나갈 뿐이다. 그렇기 때문에 되도록이면 좀 풀어서 얘기를 하다가, 아직도 세월호는 진도 앞바다에 있고 그리고 아홉 명의 미수습자가 있다는 거를 들고 나가자 그랬었는데, 누군가가 그걸 시작을 했더라구요. 그렇게 얘기하고 한 2주인가 지났는데, '세월호 안에 사람이 있습니다' 그걸 해가지고 나왔더라구요.

면담자   나만 화가 나서 외치는 게 아니라, 다들 시민들에게 조금은 친절하고 상냥하게 다가가는 방법들을 찾고 그럴 필요를 느끼시는 거네요.

경빈 엄마   그냥 저는 저를 보는 거 같아요. 그니까 나도 아무것도 모르는 상태에서 내가 저거를 봤을 때 나도 모를 것이다. 내가 저걸 보면 저걸 어떻게 알아? '내가 지금 세월호에 연관이 되어 있기 때문에 저걸 보면 아는 거지만, 연관이 안 되어 있으면 나 또한 저걸 몰랐을 것이다'라는 거를…. '나도 무식해' 이거예요. 그냥……. 그래서 "관심 갖지 않는 이상은 그게 무슨 단어인지를 모른다", 그런 얘기들을 하거든요.

11
재판 과정, '대외협력분과장' 활동

면담자   재판 과정에 참석을 하셨을 때는 좀 어떠셨어요?

경빈 엄마   그냥 답답하죠. 그냥 가면 듣고 있어야 되고…. 선원들이 나와서 얘기를 하잖아요. 얘기를 하면 본인에 대한 얘기만 하는 거잖아요. 나는 잘못이 없다는 식으로 이렇게 얘기만 하니까. 그런다고 해서 소리를 지르면 퇴장을 시켜. 그런데 '야, 이런 상황에 어떻게 이걸 참고 보지?' 그거예요. 근데 꾹 누르고 끝까지 그걸 들으려면… 누르고, 누르고, 누르면서 그걸 듣고 그러고 나올 때는 다 엉엉 울면서 나오는 거예요, 억울해서. 그 심경으로 늘 갔다가 오고, 갔다가 오고…. 일이 있어서 못 가는 날은…, 가시는 분은 꾸준하게 가시잖아요. '저분들은 얼마나 힘드실까, 늘' 그런 생각을 가지고 있는 거죠.

면담자   청문회는 어떻게 계속 좀 다니셨어요?

경빈 엄마   저희가 광화문 지키는 날이 있잖아요. 광화문 지키는 날 외에 [들어갈 수 있는] 일정이 겹치지 않을 때는 청문회를 가고 그렇게 했어요. 근데 처음 청문회 갔을 때는 그렇게[다른 일정이 없을 때] 갔고 두 번째 청문회는 저희가 단식을 하고 있었잖아요. 단식하면서 갔는데, 그 왜 높은 데서 떨어지면 사람이 머리가 무거워서 머리가 먼저 떨어진다는 얘기를 하잖아요. 저 절실히 느꼈어요, 정말. 청문회를 하건 광화문에 의원들이 오건 뭐 해가지고, 당에서 오건 앉아가지고 얘기를 하잖아요. 머리가 너무 무거운 거예요. 그래서 잠깐잠깐 나와서 너무 힘들 때는 쉬었다가 들어가는 경우도 있었는데, 그때 제가 절실하게 느꼈어요. '아, 사람은 정말 머리가 너무 무겁구나' 그걸 느꼈어요.

　모든 청문회나 법원을 가든 답답한 건 똑같은 거 같아요. 근데 법원에서는 이미 들어와 있던 죄인들이 나와서 할 수가 있잖아요. 근데 청문회는 안 나오면 땡이잖아요. 너무 화가 나더라구요. 늘 하는 얘기가 '처음이라서, 처음이라서…'가 너무 많이 들어가는 거예요. 화가 나는 거예요, 나중에는… '그래? 처음이라 그러면, 아, 우리도 뭔가 처음하면, 우리도 선처를 받는 거야?' 막 이럴 정도로. 너무 화가 나는 단어가 많더라구요, 정말. 법원 가고, 청문회 가고 이러니까.

면담자　　청문회를 1차부터 쭉 하시면서 어떤 의혹들이 해소된 측면들이 있으셨어요?

경빈 엄마　　없었던 거 같은데요. 없었던 거 같아요.

면담자　　그러시구나. 이런 진상 규명 활동들 외에 혹시 '엄마 공방'이라든지, '엄마랑 함께하장' 같은 이런 일상적인 공동체 활동도 하세요?

경빈 엄마　　전혀 못 해요. 전에는 요일을 정해놓고, '이 요일은 다른 때는 내가 활동을 하고, 이날만큼은 이거에 대해서 내가 하자' 그렇게 했었는데…, 그때는[요일을 정한 날은] 아무것도 못 하고, 아예 임원 되니까 요일을 뺄 수가 없는 거예요. 그 이전에는 압화 프로그램이라 그래서 꽃잎 같은 거 말려서 작품 하는 게 있어요. 그거 하다가 아예 못 하게 된 거죠.

면담자   대외협력분과장은 언제부터 맡으셨어요?

경빈 엄마   작년 네, 작년 총회 때부터.

면담자   2016년 2월 총회 때부터 하셔서, 지금 그러니까 1년 하시고 다시 2년째 넘어가시는 거네요. 그 전에 반 대표 하시다가 반 대표 그만두시고 임원직을 맡으신 거네요. 점점 활동의 중심으로 들어가시고 계신 거네요.

경빈 엄마   작년에도[는] 동거차도 들어가 있는 상태에서 총회가 [를] 했어요, 총회를. 근데 그때도 풍랑이 높고 막 이래서 배가 못 들어오고 이래 가지고, 그때도 동거차도에 있는 상황에서 제가 대외협력분과장이 된 거예요. 근데 그때만 해도 참⋯, 아마 그 천장이 도는 현기증을 느낀 게 그때가 처음이었을 거예요. 그렇게 힘들게 하고 왔는데, 전기도 끊기고 그랬었어요, 막. 그 동거차도라는 곳이 겨울에는 섬에 계신 분들이 다 나갈 정도예요. 외부로 나가서 겨울나고 들어오시는데⋯, 겨울에는 한 네다섯 가구밖에 없대요. 그렇게만 남아 계시는데⋯. [우리도] 정말 힘들게 있었던 거 같아요. 눈이 너무 많이 왔고, 계절상. 굉장히 많이 왔대요, 저희가 갔을 때⋯. 그때도 너무 힘들었던 상황이었는데, 들어가 있을 때 분과장이 되어서⋯. 분과장을 한다고 [저는] 그렇게 올라가 있기는 했었는데, [일부 사람들은] 들어간 상태에서 총회를 거쳤고, 선출이 되었고, 그렇게 하면서 이제 계속 이어져 나갔었죠.

면담자   사건 초기에는 그냥 경빈이 어머니 '개인'으로서 참여를 하시다가, 또 반 대표 하시다가, 이제 대외협력분과장을 하시게 되면서 좀 어떻게 다르신가요? 부모라는 역할 이상의 직책들을 가지면서 활동해 오셨잖아요. 어떤 변화들이 있으셔요?

경빈 엄마　　아무래도 처음에는 진짜 경빈이만 보고 시작을 했다고 하면, 경빈이를 시작으로 '아이들을 같이 챙겨야 하는 게 맞다' 그러면서 이렇게 생활을 하다가 반 대표가 되니까, '아, 반에 우리 부모님도 함께 챙기면서 함께 가야 하는구나' 그렇게 하다가 분과장이 딱 되니까 '이 가족들도 다 같이 챙기면서 같이 가야 하는 거'예요. 이 가족분들이 가야지만 갈 수 있는 거예요. 그러면서 생각이 넓어지는 거죠, 계속. 그[러]니까 '책임감이 무거워진다'고 생각하면 될 거 같아요.

면담자　　게다가 이 가족뿐이 아니라 대외협력분과장이니까 밖에 사회단체라든가 또 여러 연대활동을 위해서도 어쨌든 시간을 굉장히 많이 내실 수밖에 없겠어요.

경빈 엄마　　네. 그래서 더러는 아프면 약 먹고 나와서 다니고 이러는데, 너무 심할 때는 약을 먹어도 안 될 때는 그냥 누워 있어야 하는 상황이 있어요. 그럴 때는 전화가 막 오는데 못 들어요, 제가. 전화도 못 받을 그런 상태로 있는데…. 아, 그래서 안 할라 그랬는데…. '차라리 할 수 있는 분들이 그냥 했으면 좋겠다' 그런 생각을 했는데, 어, 참…(웃음).

면담자　　그 일이 어머니한테는 누구에게도 미룰 수 없는 일이 되어버렸나 보네요. 오늘 이제 인터뷰는 지난 2년 8개월 동안 쭉 해오셨던 활동들을 얘기해 주셨어요. 혹시 인터뷰 끝내면서 오늘 하고 싶은 얘기 중에 놓쳤거나 더 보태고 싶은 말씀 있으시면 해주세요.

경빈 엄마   어, 글쎄요. 갑자기 그러니까 잊어버린 거 같은데, 그냥 그런 거 같아요. 그냥 함께 가야 되는 길이기 때문에 함께 갈 수밖에 없는 상황인 거고…. 그리고 가족들이 해왔던 일을 이렇게 좀 자막이나 스크린을 통해서 올라가잖아요. 그러면 '야, 가족들이 진짜 미쳤구나. 저 많은 일들을 다 해냈어?' 그런 생각을 하는 거예요. 근데 그게 다는 아니었거든요. 그러니깐 뭐 따로 우리가 간담회를 가거나 기자회견을 가거나 이런 그 개인적으로… 가족들, 가족협의회에서 간담회를 지역마다 가고 이런 거는 아무것도 들어가지 않은 상태인데도, 그렇게 많은 거예요.

면담자   화면에 보여지는 게 다가 아니고, 또 화면에 보여지기 위해서 발버둥 쳐야 되는 어마어마한 준비, 그런 것들이 있는 거죠.

경빈 엄마   그리고 지금 안산에서도 수요 촛불을 하고 있고 또 금요일에는 아이들이 돌아오는 6시에서 8시까지 금요일 피케팅을 하고 있잖아요. 그런 게 있을 때는 안산에 오시는 분들이 모르시는 분들이 계세요. 간담회를 하거나 오시는 분들한테 얘기를 해가지고, 외국에서도 오시는 분들이 많아요. 그 얘기 해드리면 "함께 하고 가겠다" 참여하고 가시고, 그런 분들도 굉장히 많은데…. 오히려 우리가 활동하고 있는 소식이라든가… 그리고 전에 왜 우리가 카레 컵밥을 했었잖아요, 4160그릇을. 그런 거나 뭐 하는 걸 보면 오셔서 "너무 감동이었다, 너무 고맙다" 막 이런 얘기를 해주시고 가시고. 그렇게 얘기를 해주시고 가는 분들이 오히려 더 고맙고… 그리고 그럼으로 인해서 우리는 같이 힘을 내서 가야 될 조직이기 때문에… '우리'라고 해도 되나요?(웃음) 그래서 늘 우리는 지금까지 너무 힘들게 왔고, 그리고 2년 8개월 동안 먹은 것보다는 굶었던 게 더 많은 거 같아요. 그렇게 하면서도 [여기까지] 왔기 때문에, 지금은 '이제부터 시작이다', 그리고 지금 시작하는 시점에서 굶고 갈 수는 없다, 먹으면서 우리가 힘을 받는 그런 뜻으로 시작한 것도 있었고 굉장히 많았었는데…. 그냥 그런 거 같아요. 개인적으로는 합창단도 있고 연극도 있고 공방도 있고, 그런 얘기를 막 할 때는(웃음) "나도 하고 싶다"고 그런 얘기를 해요.

면담자   그렇죠, 그런 일상적인 활동도 좀 하고 싶고….

경빈 엄마   내가 개인적으로 배우고 싶었던 것도 있고, 하고 싶은 것도 있잖아요. 근데 못 하니까. "나도 좀 하고 싶다"고 그런 얘기를 하는데 어쩔 수 없는 거 같아요. [직책을] 맡고 있는 이상은 맡고 있는 거 하고 나중에 시간이 될 때 합류를 해서 하면 될 거 같으니까, 그때 하면 되고.

면담자   또 열심히 여기까지 왔던 거죠. 다음번 3차 인터뷰는 조금 개인적인 이야기를 나누게 될 거 같아요. 4·16이 전인숙이라는 경빈이 어머니 개인의 삶을 어떻게 변화시켰고, 또 가족의 삶이 어떻게 변화해 왔는지에 대한 이야기들이요. 2차 인터뷰하는 사이사이에도 어머니께서 스스로 이 활동 속에서 어떻게 성장해 왔고 어떤 통증을 갖게 되었다는 이야기를 좀 더 많이 하셨는데, 그런 이야기를 나누게 될 거예요. 이것으로 오늘 2차 인터뷰는 마무리하겠습니다.

경빈 엄마 전인숙

3회차

2017년 2월 8일

1

시작 인사말

면담자 　　본 구술증언은 4·16 사건에 대한 참여자들의 경험과 기억을 기록으로 남김으로써, 이후 진상 규명 및 역사 기술에 기여하고자 합니다. 지금부터 전인숙 씨의 증언을 시작하겠습니다. 오늘은 2017년 2월 8일이며, 장소는 안산시 정부합동분향소 내 기독교방입니다. 면담자는 유은주이며, 촬영자는 김솔입니다.

진상 규명 활동에 참여하는 이유

면담자 　　지난 2년 동안 지속적으로 활동을 해오셨고, 처음에는 그냥 개인으로 활동을 하시다가, 반 대표를 맡으셨다가, 이제는 가족협의회 안에서도 대외협력분과장이라는 좀 큰 책임을 맡고 계신데, 이렇게 지속적으로 활동을 하고 참여를 하게 된 이유는 무엇인가요?

경빈 엄마 　　활동 계기가 많기는 하겠지만 제일 중요한 거는 아이 때문이지 않을까라는 생각을 해요. 그리고 아이 때문에 활동을 하지만, 그냥 아이만 놓고 맹목적으로 활동을 하기에는 좀 부모님들이 힘들기도 하잖아요. 주위에 함께 하시는 분들이 계셨기 때문에 당연히 저희가 마음을 먹고 지금까지 갈 수 있었고, 또 앞으로도 갈 수 있을 거라는 그런 생각으로 지금 활동을 하고 있는 거 같아요.

면담자   자녀 문제에서 시작을 했지만 어쨌든 옆에 계신 분들과[의] 논의와 활동 속에서 끊임없이 투쟁과 활동의 계기를 새롭게 발견하는 계기가 되었던 거네요. 지금 생각할 때 지난 시간 동안의 활동에서 아쉽거나 후회가 되는 부분이 있어요?

경빈 엄마   저희가 싸우는 거를 어떻게 싸워야 되고, 가는 길이 어떻게 가는 게 정상적인 길인지 아무것도 모르고 가고 있잖아요. 지금껏 싸워오면서 더 적극적으로 막 정말 미쳐서, 미친 듯이 싸웠다고 하면, 지금 현재 아이들 진상 규명이 여기쯤[어디쯤] 와 있을까 그런 생각을 해요. 그니까 어떠한 시점에서 어떠한 목적으로 어떠한 행동을 하고 이런 거를 떠나서 그냥 모든, 우리가 그냥 활동을 하면서 모든 활동이 더 했어야지만….

심지어는 정말 그 많은 사람들 앞에서 '내가 죽어야지만, 죽었어야지만 조금 변했을까'라는 생각도 해본 적이 좀 많아요. 근데 저희가 2년 넘게 싸우다 보니까 더러 그런 얘기를 들어본 적도 있어요. 저만 그런 게 아니고 다른 분들도… '아, 똑같구나, 마음이…' 근데 제가 그런 걸 느꼈었고, 그랬기 때문에 얘기는 해준 적이 있어요. "내가 이렇게 싸워오다 보니까, 지금 정치하는 사람들이고, 지금 나라에서도 보면 이렇게 [우리 중에서 누구 하나] 죽는 거 가지고 눈 하나 깜짝할 거 같지 않다. 싸우다 보니까 그런 거 같고, 정말 제대로 열심히 우리가 싸워야 되는 이런 관계에서는 정말 바뀔 때까지 우리가 목소리를 내는 방법밖에는 없을 거"라고 그렇게 얘기를 했어요. 물론 제가 그렇게 느꼈기 때문에.

'진도 앞바다 가가지고 정말 뛰어내려야만 될까?' 아니면, 얼마 전에도 우리 스님이 분신도 하고 그러셨잖아요. '아, 저 앞에 가서 정말 부모들이 분신을 해야지만 바뀔까?', '내가 저기 가서 저렇게, 저런 모습으로 죽어야지만 바뀔까?' 이런 생각을 참 많이 했었거든요. 근데, 그냥 지금은 그래요. '아, 진짜 누구보다는 좀 오래 살아야겠다'. 내가 억울하고 열받아서라도 하루라도 더 살더래도, 내가 정말 억울한 건 좀 풀고…, 그래서라도 내가 누구보다는 하루 정도 더 살아야겠다. 이런 생각을 하면서 그렇게 살고 있는데…. 그냥 늘 지나온 길 하나하나가 다 후회로 남는 거 같아요.

'더 열심히, 더 적극적으로 막 더 미쳐서, 미친 듯이 그렇게 했으면 좀 바뀌지 않았을까'. 그[러]니까 늘 그런 마음을 가지고는 있는데, 그렇게까지 하기에는 좀 역량이 달리잖아요, 힘이. 힘이 달리는 데도 그게 늘 아쉬운 거예요. '아이들을 위해서 우리가 할 수 있는 그 힘이 이만큼밖에 없었을까?' 이런 생각 있잖아요. 그게 늘 남아 있어요.

면담자　　개인으로도 그렇고, 4·16으로 같이 묶여 있는 그 가족들 모두에 대해서도 느끼는 거예요?

경빈 엄마　　아니요. 가족들 전체가 아니고 제가….

3
4·16 참사 이후 가장 힘들었던 점

면담자   지난 2년 동안 경빈이 어머니를 가장 힘들게 했던 것들은 어떤 거예요? 건강일 수도 있고, 또 경제적인 문제일 수도 있고, 또 가족 간의 관계일 수도 있고, 또 경빈이에 대한 그리움, 또는 이웃이나 친족과의 인간관계 같은 것들 중에서요.

경빈 엄마   가장 큰 거는 그냥, 아이를 상대로 그냥 막 막말을 한다거나 위해를 한다거나 그런 거 있잖아요. 그게 아마도 제일 힘들었지 않을까, 그 생각이 들어요. 다른 거는 몰라도 아이를 상대로 비하 발언도 하고 이런 게 많았었잖아요. 그래서 그런 적이 한 번 있었어요. '아, 저 사람들도 사람이고, 우리가 그렇게 표현의 자유, 표현의 자유 그런 얘기를 하면서 무슨 얘기를 하든 간에… 그냥 저들도 저런 저들 나름대로의 할 말이 있기 때문에 저렇게 얘기를 한다는 것을…' 늘 정말, 중간 입장에서 굉장히 그 생각을 하고 또 생각을 하고 그렇게 했었거든요. 근데 아이들 상대로 막 비하 발언을 하거나 이런 식으로 얘기를 하면 못 참겠는 거예요. 부모들 욕을 하고 그러는 거는 상관없어요. 근데 아이들 상대로 욕을 하고 이러면 그게 제일 참기가 힘들더라구요. 그래서 이렇게 억울하고 이렇게 힘든 아이들이었는데 거기다 대고 저렇게 못을 박아야 되나? 전에 어묵 비하 발언하는 사건도 있었잖아요. 사진은 우리 것을 썼는데, 아이들 상대로, 250명의 아이들을 상대로 그렇게…. 물론 아이들만 상대를 한 거 같지는 않은데, 세월호 사건을 두고 얘기를 하긴 했지만, 단원고 아이들이라고 분명히 지적을 했었거든요. 거기서 화가 나서 법원까지 가는 상황이 있었는데, 아이들이 상처받고 욕먹고…. 그런, 아이들로 인한 그런 일[아이들을 비하하는 일]이 제일 힘들고 참을 수 없는 거 같아요.

면담자   무고하게 간 아이들에 대한 어떤 폄하 발언이라든가 공격, 이런 것들이요. 혹시 경빈이가 가고 나서 가족 안에서 전과 좀 달라진 부분이 있거나 그래서 좀 힘들거나 이런 것들은 있으세요? 가족이나 친족들?

경빈 엄마   아무래도 시댁이나 친정 쪽은 아예 못 가고 있어요. 못 가고 있고… 아이와 갔던 장소, 그리고 아이가 좋아하는 음식 이런 거는 거의 못 하고 있고. 그리고 왜 가족들도 그렇고 일상이 이렇게 보면, 생활이 뭐 바뀐 게 없는 거 같아요. 그대로인 거 같아요. 근데 그대로인 거 같은데 아이만 없는 거 같아요. 그 부분에… 아이만 없는 거 같아서, 늘 그 자리에 가면 너무 힘들고 그래서 그것 때문에 조금 피하고 싶은…. 근데 아무렇지도 않게 행동하고… [그런] 가족들 보면 '아, 언제부터 우리가 가족이었을까'라는 생각을 하게 되더라구요. 그래도 가족으로 살았던 사람들이 없어졌는데, 그리고 그 공간이 비어[제] 있는데, 아무렇지도 않게 생활을 하고 얘기를 하고 뭐 웃고 막 그런 거 [보면]…. 하, 이렇게 보면 저희만 아픈 거 같더라구요.

그래서 그런 곳에 가면 오히려 저희만 아파서… 너무 그냥….
가족들 있는 데서는 울지 못하고 그냥 저희끼리 몰래몰래 울다
가… 그러고 있다가… 가족들한테 보이면 분위기도 망치고 그런
게 너무 보이니까. '아, 이거는 아닌데, 이거는 아닌 거 같다' 그래
서 당분간은 내가 전념할 수 있는 이런 곳에 있다가… 그래도 저희
가 언젠가는 받아들여질 수 있는 그 계기가 있을 거 아니에요. 아,
그때… 부모님들도 서운하실 수는 있겠지만, 그걸 조금 받아들여
주셨으면 하는 바람으로…. 지금 거의 가족 모임 못 하고 있는 거
같아요.

면담자　　4·16 이후에 친정이나 시댁과의 관계가 어려워지셨
겠네요.

경빈 엄마　　네, 저희는 아빠가 회사생활을 되게 열심히 하는 편
이에요. 그니까 밤에 늦게 끝나고 그리고 주말에도 회사 갔다 오
고…. 오죽하면 "당신은 나랑 결혼한 게 아니고 회사랑 먼저 결혼
을 하고, 그리고 나랑 결혼을 한 거 같다" 그 얘기를 할 정도로….
제가 어른들을 참 좋아해요. 그래서 아이들 손잡고 비가 오나 눈이
오나 버스 타고, 버스 갈아타고 [가야] 하는데… 좀 힘들기는 해요.
한 서너 번 갈아타고 이런 거 하니까. 짐 들고, 아이들 손잡고 이렇
게 늘 가고 그러면…. 근데 시댁에 가면… 이런 얘기를 해야 되나?
그냥 말 한마디라도 아버님이 그런 얘기를 하시잖아요. "뭐 하는데
이렇게 늦게 왔냐?" 그렇게 얘기를 하시더래도, 그냥 [애들이 너무]

'보고 싶었는가 보다', '시아버지가 그렇게 [많이 애들이] 보고 싶었는가 보다' 그렇게 하면서, 농담도 하고 그러면서… "아니, 아버님, 손주가 학교가 끝나야 오는 거지. 학교가 안 끝났는데 어떻게 저희가 먼저 어떻게 와요?" 그렇게 얘기도 받아칠 정도로, 그렇게 얘기를 하면서… 늘 그러고 다녔어요. 근데 이제 [생각해] 보면 신랑도 있는데 왜 [혼자] 그러고 다니냐고 그럴 정도로 그렇게 했었는데….

　아마 14년도인가 그해에, 설날이 15년에 있었잖아요. 근데 이제 [시어른이] 하도 왔다 가라고 그렇게 하서가지고. 음, 15년도 명절에는 내려갔어요. 내려갔는데 그때 가족들끼리 다 모여서 차례 지내고… 그리고 가족들끼리 저희는 세배를 해요, 어른들한테. 세배를 하고 막 이러는 상황에서, 그게 너무 힘들어서 제가 나가지를 못하고…. 한복을 갈아입고 세배를 하는데… 도저히 못 움직이겠더라구요. 그래서 그냥 풀썩 주저앉아 가지고 방에서 이렇게 혼자 울고 있었더니, 형님도 데리러 왔다가 그냥 가시고, 경빈이 아빠가 거기서 그냥 됐으면 좋겠다 그래서 혼자 세배를 드리고 들어왔거든요. 들어와서 본인도 울고…. 그리고 조금 있다 어머님이 오셨는데 어머님도 그 자리에 앉아서 우시고…. 그래서 하, 정말 너무 힘든 거예요. 나만 힘들면 괜찮은데, '아, 다른 분들까지 힘들게 해서는 안 되겠다' 그래서 그때부터.

면담자　　음, 집안 행사에 다니지 않게 되신 거네요.

경빈 엄마　　네. 그래서 행사, 이렇게 좋은 일 있고 그러면…, 결혼식 있거나 그런 게 있으면 그냥 할 수 있는 정도만 조금 하고, 참 여는 못 하고…. 그리고 할머님이나, 돌아가시면 아픈 일을 함께 해야 좋다고 하잖아요. 그래서 돌아가시면 그렇게 장례식장 이런 데는 같이 가고 그러는데…. 근데 당분간은 그냥 아이들 일에 전념 하기로….

면담자　　　네, 그래요. 지금 남편이나 ○○, 경빈 어머니 이렇 게 셋이 사는 삶은 어때요?

경빈 엄마　　　그냥 거의 뭐…. 딸은 거의 학교 끝나면 집에 친구를 데려오거나 혼자 있고. 그리고 아빠 같은 경우는 오후에 나갔다가 밤늦게나 들어오고 하니까. 그리고 저 같은 경우도 나가면 밤늦게 들어가고 하니까. 그냥 다 각자 그렇게 있는 거 같아요. 그 대신에 셋이 남았다는 생각은 안 하고 늘 이제 '함께 하고 있다'라는 생각 은 해요. 너무 아플 때는 무릎을 베고, 아이가 무릎을 베고 있는 거 같고 그래서…. 제가 하는 얘기는 '늘 옆에서 엄마랑 같이, 이렇게 함께 하고 있는 거 같다' 그렇게 얘기를 해요. 그래서 이렇게 셋만 있다는 생각은 해본 적이 없고….

면담자　　　가족들끼리 경빈이에 대해서 자주 얘기를 하나요?

경빈 엄마　　　아니요. 아빠랑은 하는데, ○○는 그날 이후로는 오 빠에 대해서는 한 번도 얘기를 한 적이 없어요.

면담자　　　○○랑 얘기하신 적은 없구요?

경빈 엄마 전인숙

경빈 엄마   네, 그냥…. 전에 저희가 직장생활 하는 중에 조금 시간이 어중띨 때가 있잖아요. 뭐 30분이나 1시간 정도 늦을 때…. 그러면 경빈이가 친구들이랑 약속을 해놨다가[났을 때도] 서로 통화를 해요. "경빈아, 오늘 엄마가 좀 한 30분, 1시간 늦을 거 같은데 ○○ 좀 잠깐 봐주면 안 되겠니?" 그러면 처음에는 "안 된다"고, "친구들하고 약속이라고 안 된다"고 그랬다가 나중에 다시 또 전화가 와요. "엄마, 친구들한테 얘기했어요. 조금 있다가 갈게요" 그러면 이제 둘이 앉아가지고 배고프다 그러면 라면도 끓여주고, 밥도 같이 볶아 먹고.

면담자   오빠라고 경빈이가 끓여요?

경빈 엄마   네네. 그러면서…. 나이 터울이 좀 많이 나요. □살 터울이 나요. 그러다 보니까 많이 잘해줬는데…. 그래도 얘기를 좀 했으면, 할 거 같아요. 근데 아직까지도 오빠에 대한 말을 한 번도 안 하더라구요. 그래서 솔직히 걱정은 돼요, 걱정도 되고…. 이모가 그 얘기를 하더라구요. ○○가 산에를 올라가는데, 늘 오빠랑 가던 산이에요. 근데 거기서 한 번 얘기를 [했다] 하더래요. "눈 오는 날 이 돌을 밟으면 굉장히 미끄럽다, 이런 걸 밟으면 안 된다"고 오빠가 얘기했다. 그러면서 얘기를 하더래요. 그러면서 와서 이모가 얘기를 해주더라구요. "○○가 그런 말도 하더라" 그러면서…. [오빠] 생각은 하는데 얘기는 잘 안 하는 거 같으니까 "나중에 얘기를 한번 해봐라" 그런 얘기를 하는데….

면담자   딸아이의 아픈 부분은 엄마의 아픈 부분이기도 하니까, 딸애가 어떤 고통을 겪고 있는지 직면하기 어려워서 어머니도 회피하는 게 아닐까 하는 생각도 드네요.

경빈 엄마   그냥 가끔 가다 "오빠 이랬을 때 생각 안 나니?" 그러면 "음…" 그러고 또 가요. 그리고 지금 이렇게 지내는 거 보면, 친구들 오면 게임할 수 있는 것을 전에는 거실에 뒀다가 지금은 오빠 방에 설치를 해놨어요. 오빠가 쓰던 거라서… 그랬는데, 친구들 데려오고 그러면 오빠 방에 가서 또 자연스럽게 놀아요. 그래서 '아, 이건 뭐지?' 그렇게 생각이 들 때가 있어요. 왜 솔직히 그런 상황이면, 그런 경우가 있잖아요. 그[러]니까 여기는 오빠 방이고, 내가 감추고 싶은 그런 게 있을 수 있잖아요. 근데 그런 게 없이 그냥 들어가서…. 〈비공개〉

면담자   아, 그래요? 무슨 생각을 하고 있는지, 시간이 필요하겠네요. ○○에게도 그렇고.

경빈 엄마   평상시에 하던 대로 아무렇지도 않게 [오빠 방에] 가서 과자를 먹고 그냥 그대로 봉지를 냅두고 오고 그런 경우도 있거든요. 그러면 "야, 너 오빠 방을 그렇게 더럽게 쓰냐? 정리 좀 하면 안 돼?" 이렇게 얘기를 하는데, 그전에 오빠랑 있을 때도 "왜 자꾸 오빠 방에 와서 어지럽히고 가냐?"고 이렇게 오빠가 [말]할 정도로 오빠 방에 가서 막 오빠 거를 꺼내 온다거나 어지럽힌다거나 그런 경우도 있었거든요.

면담자　　　오빠를 좋아하고 의지를 좀 했었나 보네요. 엄마, 아빠가 일을 하시니까…. 극성스럽게 싸워도 남매만이 서로 쌓아가는 게 있잖아요. 근데 어쨌든 ○○는 4·16 이후에 그 이전과 다른 특성을 보이거나 그런 문제로 엄마를 좀 당황스럽게 하거나 그러지는 않았어요? 이른바 트라우마의 일종이라고 할까, 그걸로….

경빈 엄마　　　모르겠어요. 전에는 아무 데나 가서 잘 놀고, 떠들고 인사도 잘하고 이랬었는데…. 사춘기가 되어서 그런지 모르겠는데, 그거를 제가 판단을 못 하겠어요. 그니까 말수도 많이 줄어들고… 그리고 "안녕하세요" 그런 거를 참 잘했었는데, 그냥 고개만 이렇게 숙이고 그렇게 변해서 지금…. 아, 그걸 어떻게 제가 받아들여야 할지 모르겠어요. 그냥 말로는 '아, 사춘기라서 그런가 보다. 그리고 한 학년 올라가면 괜찮아지겠지, 괜찮아지겠지' 하는데 바뀌는 게 없어서…. 네, 그걸 좀 기다리고 있는 거 같아요.

면담자　　　성장기의 변화가 일어나는 시기에 가족을 잃은 슬픔이 맞물린 상황에서 스스로도 어마어마한 충격을 받았을 것이고, 그게 다 마음 안에 혼재가 되어 있는 거 같네요.

경빈 엄마　　　전에는 집에 아무도 없고 그런 걸 싫어해서 아빠가 하는 가게에 가서 같이 있고. 왜 어른들은 담배를 피잖아요. '아, 저러면 안 되는데, 안 되는데' 하면서도 어쩔 수가 없으니까. 아빠 일 하는 가게에 가서 졸리면 자다가 새벽에 같이 들어오고 이랬었거든요. 그게 좀 안 좋기는 했지만, 어쩔 수 없는 그런 생활을 하다가

지금은 집에 이제 혼자 있어요. 〈비공개〉

면담자　뭔가 겪는 중이네요. 오빠의 문제가 아니어도 자신이 성장 단계에서 겪는 변화일 수도 있고. 조금 섬세하게 지켜볼 필요는 있는 거네요. 그리고 어떤 면에서는 어머니가 지금 가장 힘들어하시는 부분이 딸아이나 가족관계, 사람 문제들, 감정의 문제들인 거 같네요.

4
그래도 위로가 되는 것들

면담자　지난 2년 동안 경빈이 어머니에게 가장 위로가 되었던 것들은 어떤 거예요? 사람이어도 좋고, 뭐여도 좋구요.

경빈 엄마　2년 넘게 가장 위로가 되는 거는 그래도, 저희가 이렇게 다니면서 만났던 그 인연들 있잖아요. 그걸 이해해 주고, 함께 기억해 주고, 함께 행동해 주고 이런 분들이 곁에 있다는 거, 그게 제일 저한테는 위로가 되는 거 같아요. 함께 행동하는 사람이 있는 반면에 때로는 서로 계속 대화도 해가면서 서로를 이렇게 격려해 주고 응원해 주고 그런 사람들도 있거든요. 그런 거 같아요. 그냥 제일 위로가 되는 거는 그 소중한 만남, 인연….

면담자　이 활동을 통해서 만나게 된 가족협의회에 있는 유가족들과의 관계는 어떠세요?

경빈 엄마   같은 상처를 가진 부모들로서, 아이의 엄마, 아빠 그런 분들이고. 똑같이 아픔을 가지고 있다 보니까 그냥 말 한마디, 행동 하나 그리고 표정 하나 그런 거를 다 서로 보면서 '아, 힘들어하는구나. 아, 아파하는구나' 그런 거를 좀 많이 서로 배려도 해주고…. 서로 눈빛만 보고도… 이렇게 서로 웃을 수도 있고, 대화를 서로 그냥 막 할 수도 있고. 이런 가족? 가족 같은 상태인 거 같아요. 아무것도 아니고 화가 나고 그런 거를 서로 풀어가면서 포옹을 해주고, 그리고 서로 아픔을 보듬어주고 그리고 활동을 할 수 있게 격려해 주고…. 밖에 가서는 굉장히 힘든 상황인데….

이 가족들이 적은 숫자는 아니잖아요. 500명이 넘는 가족들이 서로 만나면, 힘들어서 모처럼 만에 한 번 나오셨던 부모님도 보면 "어, 안녕하세요?" 인사를 할 정도로 그냥 스스럼없는. 그냥 가족 같아요. 그래서 외부에서 보면 굉장히 신기하대요. "저 사람들은…" 어떤 얘기까지 들었냐면, 뭐 좀비? 좀비 같다는 말까지…. 그리고 '무섭다'라는 표현을 할 정도로 얼굴은 표정이 없대요. 표정이 없는데 서로 얼굴만 보고 얘기를 하면서 웃고, 그러고 어느 순간에 막 울고 있고, 그러면서도 또 조금 있으면 또 까르르 웃고. 그런 게 옆에서 보는 입장에서는 이해가 잘 안 되잖아요. 그러면서 '저 사람들은 뭐지? 아, 무서운데…' 처음에는 얘기를 못 했지만 점점 점점 얘기를 스스럼없이 할 정도로 되다 보니까 얘기를 해주시는 거예요. "처음에 봤을 때 정말 무서웠다", 그런 얘기를 할 정도로. 그런데 지금은 이렇게 지내면서 많이 공감도 하고 얘기도 서로 해가면서 챙겨주고…. 서로 챙겨주는 이런 거까지 다 하고 있잖아요. 가족 같아요.

면담자   때로는 이 협의회 안에서 어떤 인간관계 때문에 좀 갈등이 생기거나 좋은 에너지를 뺏긴다 싶거나 그런 거를 느낄 때는 없으세요?

경빈 엄마   그냥 그런 것도 있죠. 사람이 많다 보니까 서로 어, 이 사람에 대해서 저 사람에 대해서 이런 얘기도 오고 가고 할 때가 있잖아요. 거의 저 같은 경우[에]는 본인한테 듣지 않는 이상은 잘 그거를 안 하는데[이야기를 전하지 않는데]. 그냥 그런 얘기는 되도록이면 내가 보는 입장에서 '아니다'라고 판단이 됐을 때는 그분한테 '아니다'라고 얘기 좀 해줘라, 그게 맞는 거다, 그렇게 늘 얘기를 해요. 근데 더러는 이제 막 그런 경우가 아닐 경우가 있잖아요. 그러면 제가 너무 힘들어질 때가 있더라구요. 아, 이게 이제, 내 얘기가 아니더라도 '제발 좀 안 이랬으면 좋겠는데'[라고 생각하는] 그래서 그런 경우가 더러 있고.

그리고 어, 저 같은 경우는 솔직히 진짜 아닌 게 아니고 처음부터 경빈이 때문에 시작을 했고, 근데 이게 처음부터 이제 이 아이, 저 아이 이렇게 알아가면서 아이들이 하나같이 다 착하고, 꿈을 가지고 있고 다 열심히 살던 아이들이었던 거예요. 그리고 그런 아이들을 알다 보니까 아 이거는 경빈이만의 문제도 아니고, 경빈이만을 위해서 싸울 문제도 아니고, 아 이게 정말 내 자식, 이 아이들이

경빈 엄마 전인숙

다 내 자식이구나 그러면서 이, 이 자식들을 데리고 싸워야 되는구나, 그러면서 정말 미친 듯이 싸운 거예요. 그러니까 그 나 자신과도 싸우고. 그리고 지금 뭐 이게 정부하고도 관련된 일이라고 해서 뭐 노숙이나 이런 것도 하나도 무서워하지 않고 그렇게 뭐 다녔었는데, 저희가 지금 이 상황에 배를 타고 동거차도에 들어가는 상황도 쉽지는 않잖아요. 저는 배만 보면 어지럽고 이랬다가 '아, 안 되겠구나 이게 우리가 아니면 정말 누구도 해줄 수 없는 일이구나' 그러면서 정신 바짝 차리고 뭐든 우리가 처음부터 끝까지 해야 된다는 것을 느꼈을 때, 뭐 배, 뭐 물, 그 바다 들어가는 거, 어 '앞으로도 더 힘들 일이 있을 거'라고 생각을 해요. 근데 진짜 도망가지 않고 '아, 이게 모든 걸 해야 되는구나' 그 생각을 했을 때에는 진짜 뭐 배를 타고 바다에 들어가고 가서 뭐 감시를 하고, 그 힘든 과정을 다 쫓아다닌 거예요. 〈비공개〉 이런 상황에 우리가 다니는 게, 좋아서 다니고 있는 데가 한 군데도 없는 거 같은데, 그런 생각을 하고 있지만 그냥 좀, 그냥 다녀요.

제가 어떠한 얘기를 들어도 "그건 아니다 그러면 아니다"라고 얘기를 해줘요. 얘기를 해주고, 다른 데서 누군가가 얘기를 해주잖아요, 그러면 물어봐요. 본인이 들으셨을 때에는 "그 얘기가 맞나요? 안 맞나요? 물어봐요. 그러면 '아 내가 듣는 입장에서는 아니다' 그러면 다른 데다가 '저한테처럼 얘기를 해주시지 마시고 그 선에서 아니다'라고 끊어주세요"라고 얘기를 하거든요. 그게 맞는 거고. 그리고 이제 그런 상황에 대해서 모르시는 부모님들[이] 계시잖아요. 그러면 그 상황에 대해서 정확하게 얘기를 해주고 그렇게 하고 있는데 〈비공개〉 그냥 그런 거 같아요. 서로 그냥 이해를 해주고 그리고 '내 상황이면, 내가 저 입장이라 그러면 나도 저랬을 것이다'라는 거를 좀 인정을 해가면서 활동을 하면, 그런 분란은 좀 많이 일어나지는 않겠다는 생각을 좀 많이 하거든요.

5
4·16 이후에 생긴 변화

면담자　　　평범한 삶이 어딨겠어요. 정말 삶의 결에 귀 기울여 듣다 보면 다 나름의 특별한 삶들, 독특한 이야기들이 숨어 있게 되게 되는데…. 그럼에도 불구하고 4·16이라는 경험이 개인의 삶에, 경빈이 어머니의 생각, 세상을 보는 가치관 같은 것들에 어마어마한 변화를 가지고 왔으리라고 예상이 돼요. 가족이라든가, 또 내가 그전에 어머니로서 자식을 바라보는 거, 또 자녀의 교육, 또는 국가나 한국 사회, 정치, 또 안산, 또 이웃들…. 종교 활동 하셨다면 종교 활동이라든가, 직장, 또 돈에 대해서 이전에 가치를 부여했던 것들이 어떻게 변하셨는지…. 생각나는 대로 이야기를 해주세요. 어떤 것에 가장 큰 변화가 생긴 거 같아요? 4·16 이전과 이후에 나눠서….

경빈 엄마　　　언론 쪽으로 좀 많이 다르게 보게 된 거 같아요. 그

전에는 드라마를 보든 영화를 보든 뉴스를 보든 다 그냥 언론에서 보도 나오는 그걸 무조건 다 '아, 저랬구나. 저렇게 됐구나' 늘 그게 다였거든요. 근데 지금 저희가 언론을 통해서 뉴스를 본다거나 이렇게 되면 정치 쪽에서도 그렇고, 연예인들도 그렇고 많이 나오잖아요. 뉴스에서 보면 '시간 끌기 한다' 이런 얘기를 많이 할 정도로, 저건 '당연히 시간 끌기를 하고 있다'고 할 정도로…. 저걸 감추기 위해서 지금 누군가가 희생이 되고 있고…. 그런 얘기를 할 때에는 저희가 깜짝깜짝 놀라요. '저런 거까지 우리가 생각을 하고 있어야 돼?' 이럴 정도로. 그냥 거기서 딱 끝나면, '아, 저렇게 해서 끝나는가 보다' 그렇게 받아들여야 하는데… "글쎄, 과연 저기가 마지막일까? 아닐 거야. 그 뒤에는 반드시 뭔가가 하나가 더 있을 거야. 아니면 무언가를 하나 세워놓고, 아마 저걸 끝내려고 저 사람을 세워 놓았을 것이다". 그런 얘기를 하고 있다 보면…, 서로 또 저희끼리 그래요. "근데 우리가 이런 거까지 생각을 해야 해?" 아, 그럴 정도로 지금 뭐 언론에 대해서는 아, 저 언론이 정말 진실이 아니다, 이런 얘기를 해요.

그리고 드라마나 영화에서 보면, 정치 쪽에서도 그렇고… 이렇게 조금 표현을 비슷하게 한다고 그러면 영화적인 표현이고 드라마적인 표현이고 그런 게 나오잖아요. 근데 솔직히 지금은 드라마하고 영화하고 그렇다 뿐이지. "봐라, 저게 아무 근거 없이 저렇게 나왔을 것이냐?" 그런 얘기를 할 정도로…, 그렇게 보는 시야가 좀 틀려진 거 같아요.

면담자   아, 이전에는 다뤄지는 뉴스면 그냥 그걸 믿었는데 지금은 그 뒤에 이야기나 사실이 밝혀지기 전까지 끊임없이 생산되는 일종의 음모론에 대해서 같이 말을 보태게 되거나, 이렇게 마음이 많이 좀 혼란스럽고, 흔들리시고 그러는 거잖아요.

경빈 엄마   네. 그래서 공포, 스릴 그런 거를 굉장히 잘 봤어요. 귀신이 나오고, 그리고 영혼이 되어서 문제를 해결해 주고…. 그런 게 어떻게 보면 전에는 막 되게 재밌고, 좋게 봤었는데 지금은 그걸 그렇게 즐겨 보고 그러지는 못하고 있거든요. 간혹 가다 보면 '아, 저런 게 정말 있었다면 얼마나 좋았을까?' 그렇게. [그런 영화들 보면] 왜 그 이전으로 돌아갈 수 있고 그런 게 있잖아요. 그런 내용이 나오면 야, 진짜 저런 상황이 진짜 있다고 하면, 4월 15일로 돌아가서 안 보내고, 아이들 수학여행을 안 보내거나 아니면 그 안개 낀 상황에서 아이들이 지체가 된 상황이 있었잖아요. 그때 "버스도 내려갔다"고도 하는데… 글쎄요. 그 상황이 되면 연락은 안 왔지만… 그러게요, 연락이 안 됐으니까. 그때는 안 되겠네요. 천상 4월 15일로 갔어야 되겠네요. 적어도 그런 상황이면 부모들한테 연락이 왔어야 하는 게 마땅한데, 부모들한테는 연락도 안 온 상태에서 배가 그렇게 출항을 했기 때문에… '4월 15일 제 생일로 돌아갔으면 좋겠다'라는… 그래서….

면담자   4·16을 겪으면서 아까 말씀하신 언론뿐만 아니라 정치에 대해서도 한국 사회 전반에 대한 기대가 완전히 무너진 거네요.

경빈 엄마   저희가 참사 겪고 뭐 보란 듯이 자랑스럽게 얘기를 했던 거는 '세금 꼬박꼬박 내면서 이렇게 법 없이도 살 사람들이었다', 그렇게까지 얘기를 하고 다니다가 어느 순간부터는 그 얘기를 못 하게 되더라구요. '야, 정말 우리가 잘못 살았구나' 그런 걸 느끼면서…. 정말 4·16 이전에는 늘 긍정적이고, 밝고… 지금도 표를 잘 안 내려고 많이 웃고 다니고 얘기도 많이 하고 그러는데… 그 이전에도 제가 그랬어요. 그리고 다른 사람의 말도 좀 많이 들어주는 편이었고 그랬었는데… 정말 그랬던 거 같아요. 그냥 세금 꼬박꼬박 내고 그리고 법 잘 지키고. 그리고 아이들한테 하지 말아야 될 행동이나 하지 말아야 될 그런… '이렇게 하면 경찰서를 간다' 그런 거에 대해서도 얘기를 하고, '그렇게 살면 안 된다' 그렇게 가르치고 그렇게 살았지. 참 긍정적으로 살았던 거 같아요.

그리고 뭐든 직장을 다니고, 어디에 가서 어떻게 행동을 하든 간에 내가 참 긍정적으로 살아야지만 행복하게 산다는 것만…, 그렇게 생각했었고, 아이들한테도 "현재 니가 하는 일에 대해서 최고의 자부심을 가지고 늘 즐겁게 살아야 된다"고. 그리고 "너희들이 좋아하는 걸 우선적으로 해라" 그렇게 하면서 '나중에 니가 제일 하고 싶은 게 무엇이냐?' 그리고 니가 하고 싶은 거에 따라서 대학도 준비를 하고 그렇게 가는 게 맞고. 그리고 직장생활을 하더래도 "엄마는 이렇기 때문에 그렇게 하는 게 맞다" 그러면서 늘 그렇게 참 긍정적인 것만 얘기를 하다가….

휴, 그 언론에서 보여주는 집회를 하고, 그리고 선생님들이 이렇게 나올 때마다… 언론에서 나올 때가 있었잖아요. 전교조가 하는 일에 대해서 벌금형이라든가 뭐 그런 거에 대해서 나오면 아이들이 물어보지 않는 이상은 대답해 줄 그게 없잖아요. 알아보려고도 안 했고. 그냥 '아, 저 사람들이 저렇게 해서 물의를 일으키고 있구나. 근데 왜 아이들을 가르치는 선생님이 굳이 저렇게 해야 될까?' 이런 거에 대해서 그렇게만 생각했지, '정말 제대로 사회에 대해서 변화를 일으키기 위해서 저렇게 하고 있다'라는, 저분들이 저렇게 열심히 하고 있다는 거에 대해서는 전혀 몰랐었던 거죠. 그리고 언론에서 보면 그렇게 뭐 뭐 어디 단체다 해서 집회 나오면 '빨갱이다, 북에서 내려왔다, 뭐 간첩이다' 이런 게 나왔었잖아요. '아니, 이 시대에도 간첩이 있나?' 그냥 그렇게만, 수박 겉핥기 하는 거 있잖아요. 그렇게 그냥 내가 아닌 내 옆에서 지나가는 소리만… [듣고, 그렇게만 지냈던 거예요.

관심도 없게 지내고 그리고 어떤 참사나 사건이나 막 사고나 일어나면 우선 어느 지역인지를 먼저 보게 되더라구요. 그래서 천안함 사건 때도 그렇고, 대구 지하철 때도 그렇고. [내가 사는 곳이 아니어서] '다행이네… 저분들 어떡하지? 어떡하지?' 그러면서도 '아, 저 멀리서 일어났으니까 내가 아는 분은 없겠구나' 이런 생각을, 이렇게 참 멍청한 생각을 했었던 거예요. 근데 '야, 참 안됐다, 안됐다' 그 생각을 하면서도 정말 이렇게 우리 앞에 확 다가올 줄은 몰랐죠. 이렇게 우리의 생활이… 그리고 그러한 참사가 정말 나에

게는 꿈에도 못 꿀 일이었던 거잖아요. '설마 나는 아니겠지, 우리 아이는 아니겠지, 그리고 이렇게 평범하게 살아가는 사람한테는 정말 안 오겠지' 그런 생각을 했던 거예요.

근데 제가 4월 16일 날 회사에서 그 소식을 딱 듣는데, '아, 이게 뭐지?' 와닿지가 않는 거예요. '아, 우리 일인가?' 그때부터 완전히…. 지금 또한 '이게 우리 일이다'라는 게 확 와닿지가 않아요. 아직까지도… 남의 일 같고, 아직까지도… 아이들은 그냥 그대로 있는 거 같아요. 이게 지금 꿈인지, 내가 지금 현실을 살아가고 있는 건지… 기억이 제대로. 제정신으로 살아가고 있는 건지, 판가름이 안 갈 때가 종종 있거든요. 그래서 진짜 잠도 못 자고 몇 날 며칠을 활동하다가 집에 가서 잠 안 자고 딴 거 하다가 활동하다가 이럴 때는 '어, 내가 지금 뭐 하고 있는 거지?' 이런 생각도 들고….

그리고 2년이 넘는 그 시간 동안 지내면서 '내가 지금 제대로 된 활동을 하고 있는 건지, 아니면 제대로 살고 있는 게 맞나?' 막 그런 별생각을 다 할 때가 있어요. 지금도 보면 거의 100퍼센트의 내 생활이 아닌 거 같아요.

면담자　　　내 것으로 아직 실감을 못 하고 살아가는 거죠.

경빈 엄마　　　네. 그래서 어떻게 보면 지금 왜 거리에서, 그리고 주변에서 보면 저희보다도 열심히 뛰고 계신 분들이 계시잖아요. 그런 분들 볼 때는 아, 진짜 우리 일인 거 같은데, 근데 저분들을 보면 더 대단하신 거예요. 내가 과연 예전에…… 제가 어떻게 살았던 걸 알잖아요. 근데 그분들을 보면 아마 우리 동네에서 저런 참사가 일어나도 과연 지금처럼 내가 이렇게 활동을 할 수 있을까?

면담자　　　내 일이 아닌 것으로 생각하고 소시민으로 모른 척 평온한 내 삶을 살았을 거 같아요?

경빈 엄마　　　지금도 저희가 그런 얘기하잖아요. 보수를 따지고 있고, 조중동이라는 그런 표현을 하고. 저는 정말 4·16 겪고 나서 처음 겪는 단어, 우리가 몰랐던 이런 단어들을 굉장히 많이 접했어요. 그러면서 '야, 이게 이게 현실이야? 이게 대한민국에서… 이런 일이 정말 존재하고 있던 상태, 이런 상황인가?' 그런 거를 받아들이면서 '야, 이게 대한민국이야? 우리가 말하는 민주주의야? 민주공화국이야? 말도 안 되지 이게… 북한이랑 뭐가 달라?' 그런 거를 느낄 정도로, 그걸 제가 막 느낀 거예요.

　　근데 '만약에 4·16 참사가 우리 아이들이 아닌, 제 주위에서 일어났다고 하면 이렇게까지 내가 귀 기울여서 그렇게 관심을 가졌을까?' 이런 상상을 많이 하거든요. 그렇게 제가 보는 입장에서는 정말 곁에서 해주시는 분들이 정말 너무 위대한 거예요. 그래서 '야, 저분들이 진짜 그전에… 왜 뭐라 그러죠? 전생에 나라를 구했을 사람이다' 그런 생각을 해요. '이게 내 일이 아니고서는, 나는 저렇게까지는 못했을 것이다' 이런 생각을 하거든요. 근데 그렇게 하시는 분들 보면 '아, 정말 전생에 나라를 구하는 사람이었을 것이다' 그런 생각을 해요.

경빈 엄마 전인숙

그리고 같이 하시는 분들이어도 같은 생각에 다른 행동을 하시는 분들이 계실 거 아니에요. 근데 제가 늘 그분들한테 하는 얘기는 "한 가지만 보자. 아이들[을] 위해서 가고 있는데, 저희는 그렇게 다른 생각을 가지고, 서로 그렇게 마찰[이] 있고 그런 얘기를 하시는 게 정말 저희는 너무 그렇다[힘들다]. 그냥 정말 가기에도, 우리가 한길로 가기에도 너무 바쁘고 한길로 가기에도 너무 어려운데… 같은 생각을 가지고, 아이들만 보고 좀 가주면 안 되겠냐?" 그게 너무 아쉽고… 그런 얘기를 해요. 근데 그분들 딴에는 이제 마음이 많이 다치신 분들이기 때문에, 한 번에 이렇게 확 하고 돌아서기는 힘들 거예요. 근데 그렇게 마음을 다쳐서 돌아서는 분이 계시고, 그렇게 마음이 다친 상태에서 서로 같은 길을 가는데 따로따로 가는 분이 계시고…. 이런 분이 계시는 게 저는 제일 안타깝거든요. 그래서 마음을 다쳐서 가셨던 분들도 이제 가셨다가, '아, 이러면 안 되겠다' [하면서] 다시 오시는 분들도 계세요. 그게 제일 안타까워요.

면담자　　　경빈이 어머니는 4·16 이후에 세상이 뒤집어졌네요.

경빈 엄마　　　네, 저는 아직도 4월 16일 그 상태로 그냥 그렇게 머물러 있는 거 같고….

면담자　　　경빈이 어머니는 세상이 뒤집어져서 한국 사회가 이렇다는 걸 내 일로 겪으면서 세상을 보게 된 거잖아요. 그건 어떠세요? 지금 내가 새롭게 알게 된, 그게 고통스럽지만 이것이 대한

민국의 현실이고, 또 이것이 정말 고통스럽지만 진실이라는 건…?

경빈 엄마   그게 지금 바뀌지는 않았잖아요. 아직 바뀌려면 한참 남았고…. 제가 그 태도로, 그 상태로 살았던 사람이었고…. 제가 귀찮아하며, 관심이나 이런 거를 전혀 안 가지고 있던 기성세대잖아요. 그렇기 때문에 이런 상황이 되어서… 솔직히 제가 얘기도 해요. 간담회 가거나 이러면 "안 바뀐 건 솔직히 우리 때문이지 않냐? 그리고 이렇게 힘든 세상을 만든 것도 우리이지 않냐? 우리가 이랬기 때문에 바꿔야 하는 것도 우리여야 한다. 힘들어도 참으시라고, 반드시 바꾸라고" 그렇게 얘기를 해요. 그렇기 때문에 제가 정말 잘못 살았고, 그리고 이렇게 안일한 태도로 살았기 때문에 지금 바꾸려고 노력을 하고 있지만, 그렇게 살아온 과정이 너무 길었잖아요. 그 긴 세월을 바꾸기에는… 한순간에 바꾸라는 건 정말 어려울 거예요. 그렇기 때문에 지금 너무 힘들게, 벅차게 싸우고 있는 거 같고…. 그리고 이걸 바꾸기 위해서는 앞으로도 장시간이 될지언정… 저희는 가야 될 거 같아요.

면담자   세상을 좀 달리 보게 되었다는 것에 대한 기쁨이랄까, 표현이 좀 그렇지만, 그런 건 있으세요?

경빈 엄마   없어요.

면담자   내가 이전에 세상을, 어떻게 생각하면 너무 안이하게 살고, 단지 우리 가족과 내가 하는 일 속에서 그냥 편안하게 살고…. 그리고 그 어마어마한 어떤 사회적인 현실에 몽매하고 눈감고 살았는데, 이제 내가 그런 사람이 아니잖아요. 그것에 대한 기쁨은 없으세요?

경빈 엄마   없어요. 없어요. 차라리….

면담자   모르고 살았던 그 시절로?

경빈 엄마   아니요, 모르고 있으면 안 됐죠. 근데.

면담자   이렇게 잔인하게 알아야 되나?

경빈 엄마   그 사실 하나하나 더 알면 알수록 너무 슬픈 거죠. 너무 아파요. 아, 정말 이렇게까지 썩어 있었구나. 이렇게… 그동안 내가 봐왔던 게 다는 아니었고…. 물론 보는 입장, 그리고 본인이 어떻게 이해를 함에[하느냐에] 따라서 세상은 달라 보인다고 얘기를 하잖아요. 근데 음, 하나하나 알아가면 알아갈수록, '야, 이거 큰일 났네. 이게 세월호가 진상 규명이 되어도 내가 여기서 끝을 낼 수 있을까' 하는 생각을 해요. 짐이 점점 점점 무거워지는 거예요. 그래서 '와, 이게 참… 이게 다가 아니구나. 너무 많구나'라는 거를 자꾸 느끼면서, 계속 우리에게 다가오는 무게의 짐이 너무 큰 거 같아요.

그러면서 지금도 또한 우리가 싸워가면서 그런 얘기를 참 많이 들어요. "많이 밝혀졌죠? 금방 밝혀질 거예요. 그리고 금방 끝날 거예요" 이런 얘기를 많이 해주시거든요. 근데 제가 보는 어느 곳에서도 밝혀진 바가 하나 없고, 그리고 바뀔 거 같다는 조짐이 보이는 건 없어요. 그리고 지금도 "박근혜 퇴진", 그렇게 얘기해도 되죠? 퇴진을 얘기를 하면서 "될 거다, 될 거다" 얘기를 하고 있어요. 그리고 그분들이 "아, 이제 이만큼 했으니까 반드시 될 거야" 그러면서 안 나오고 계신 분들도 있잖아요. 그리고 물론 생활을 해야 되기 때문에 마음만 보태고 계신 분들도 계시지만…. 과연 이렇게 해서 또 사그라들면… 언젠가는 또 그 얘기가 나오겠죠. "거봐라 촛불은 반드시 꺼진다 하지 않았느냐" 그런 얘기가 나올 거 같아요. 반드시 꺼지지 않는 촛불은 우리가 만들어야 할 것이고, 그리고 끝을 볼 때까지는, 반드시 우리가 끝을 볼 때까지는 그 희망을 놓지 않았으면 좋겠다는 생각을 해요.

그[러]니까 세월호 인양도 막 6개월, 7개월 넘어갈 때부터 "세월호 인양해 줄 것이다" 그렇게 얘기를 했었거든요. 근데 그렇게 우리가 서명을 받고 이럴 때도, "아니, 너네들 진짜 미친 거 아니냐? 너네들 진짜 돈 바라는 거 아니냐? 아니, 인양을 해주겠다고 정부에서 발표를 했는데 왜 아직까지도 거리에 나와서 피켓을 들고 서명을 받고 있냐?" 그러면서 욕을 하고 가시는 분들이 굉장히 많았어요.

그러면서 무언가 하나 터뜨려질 때마다 돈으로, 늘 세월호 가족들은 돈으로 늘 덮어 싸여서 늘 그렇게… 뭐라 그래야 될까요. 저희들 반대편에서 저희들 욕을 하고 이런 분들이 "그래 거봐라. 너네들 돈 보고 하지 않았냐" 그러면서 유언비어를 막 국민들한테 돌리고 그런 거를 많이 했었잖아요.

그리고 저는 솔직히 깜짝 놀란 게 세월호 청문회를 하든 집회를 하든 늘 그런 자리에 보면 반대 시위를 하시는 분들이 늘 오잖아요. 근데 그런 분들을 보면 국가를 상대로 싸워야 되는 분들이 좀 있더라구요. 근데 '우리는 우리 아이들에 대해서 진상 규명을 해달라고 싸우고 있는 사람들인데, 우리한테 뭘 원한다고 우리한테 와서 저러고 있지?' 이런 생각을 할 때가 굉장히 많았던 거예요. '저 사람들은 도대체 뭘 바라고 우리한테 와서 저러고 있지?' 아니, 너무 신기한 거예요, 정말로. 아니 "우리는 정말 아무것도 바라는 거 없다"고 얘기를 하고, "앞만 보고 바라보면서 아이들 위해서 그렇게 싸우고 있다"고 하는데, 저 사람들은 도대체 뭘 바라보고, 아이들만 가지고 싸우고 있는 힘없는 부모들한테 와서… 아니, '여기 와서 왜 그런 집회를 하고 있지?' 그런 생각을 많이 하고 있었거든요.

면담자　　어떻게 생각하면 그 사람은 아직 경빈이 어머니가 맞닥뜨린 것처럼 독하게 깨져보지 못한 거 아닐까요?

경빈 엄마　　근데 왜 전쟁 나갔던 분들도 왔잖아요.

면담자　　그 고엽제 피해 입었다는?

경빈 엄마　　우리가 뭐 전쟁을 나가라 했던 것도 아니고… 물론 그때 당시에 국가를 지켜야 되고 국민을 지켜야 된다는 책임감으로 가셨을 거예요. 충분히 알잖아요, 저희도. 그리고 위대하다, 그리고 저희는 훌륭하다는 얘기도… 저희끼리도 그런 얘기를 해요,

그분들이. 근데 생뚱맞게 그걸 왜 세월호 가족들한테 와서 그렇게 하시는지 그건 아닌 거 같은 거예요. 어떻게든 국가를 상대로 소리를 높이 외치셔야 할 상황인데, '이상하네… 어떻게 하다가 세월호에 왔을까' [하는 생각이 드는 거죠].

전에 제가 얘기를 했다시피 참 어른들을 좋아하고 이랬던 사람이었는데, 지금은 그냥 무슨 행동을 하거나 이러면 이게 절제가 안 되는 거예요. '아, 어른이니까 그렇지… 그리고 연세가 저렇게 드셨으니까 힘들겠지' 이런 게 아니고… '에휴…' 이게 먼저 나오는 거예요. 그리고 막 그럴 때마다 제가 깜짝깜짝 놀라고, 그렇게 막 어른들이 욕을 하고 가시고 더러는 몸싸움도 하시려고 하시는 분도 계시다 보니까 오히려 어른들이 다가오시면 막 긴장을 하고 있는 거예요. '저분이 과연 여기 와서 뭐라고 하고 가실까?', '야, 그래도 저분이 어른이신데', '오셔서 뭐라고 하시면 받아쳐야 될까? 같이 싸워야 될까?' 근데 어느 순간 저희한테 그런 얘기를 하면 막 같이 목소리를 높여서, 언성을 높여서 얘기를 하고 있고…. 그런 반면에 오셔서 "고생 많다"고 그러고 인사를 하고 가시는 분들이 계시면 오히려 막 제가 창피한 거예요. '아, 저렇게 정말 어른스러운 분이 계시는데…' 그럴 때도 있어요. 근데 아직도 그렇게 어른들이 배지를 달았다, 그래서 버릇이 없다는 둥, 가정교육을 잘못 받았다는 둥… 그 어린 학생들을 상대로 이렇게 손찌검도 한다는 얘기가 자꾸 나오잖아요. '야, 이렇게 정말 어른 같지도 않은 어른이 많이 존재해서 큰일이다' 이런 생각을 해요.

면담자   4·16을 겪으면서 경빈이 어머니가 그동안에 가지고 있던 생사관이나 죽음에 대한 태도, 삶에 대한 태도, 또 돈을 바라보는 가치관 이런 것들이 변한 게 있어요?

경빈 엄마   저희는 맞벌이를 하던 부부였잖아요, 그러다 보니까…. 처음에는 맞벌이가 아니고 외벌이, 아빠만 벌었었어요. 아빠만 벌었다기는 그렇고… 집에서 부업을 하면서… 아이들한테 쓸 수 있는 돈이 더 생기잖아요. 그리고 교육을 할 수 있는, 학원비라든가 그런 걸 더 벌 수 있고…. 그리고 늘 [부업을] 하면서도 얘기를 하는 게 "나는 이렇게 아이들한테 할 수 있고, 당신 어깨에 짐을 좀 덜어주는 거 같아서 너무 좋다" 그렇게 하면서 좀 많이 했어요. 문구용품도 하고, 과자 같은 거 있잖아요. 별사탕 같은 것도 하고. 그니까 완제품이라 그래야 하나요? 그니까 처음부터 끝까지 다. 볼펜 조립하고 막 그런 것도 하고. 지우개도 다 수제에요. 그냥 고무만 나오지 다 집에서 하는 부업이에요, 다. 부업하시는 분들이 다 손으로 수작업을 해서 나오는 건데…. 휴대폰 케이스 이런 것도 하고, TV에 들어가는 것도 해보고, 자동차에 들어가는 것도 해보고, 참 많이 했었는데….

그러면서 아, 이제 돈을 벌기 시작을 했고 그러면서, 왜 저희는 그런 게 있잖아요. 한 달 생활비를 딱딱 정해놓고, 그리고 한 달에 이 정도는 적금을 들어야 돼, 이러면서 딱 이제 규정을 딱 해놓잖아요. 그리고 한 달 동안 쓸, 아빠가 담배를 피우면 담배를 사놓고 그리고 저금을 하면 얼마 계산을 해놓고, 나머지는 학원비에 뭐에 뭐, 다 하잖아요. 해놓고… 이 정도 나오니까, 아, 이거는 우리 아이들 한 달에 한두 번씩 외식을 가고 하잖아요. 그것까지도 다 정해놓고… 그러면 언제 일찍 마치고 요런 걸 정해서 '아, 요 날은 외식을 합시다' 그렇게 체계적으로 살던 가족이었잖아요. 근데 지금은 그게 아예, 싹 무너진 거예요. 그래서 아빠 혼자 저렇게 하고 있고. 그리고 전에 같은 경우는 아이 학자금 그거 맞춰가지고 '이때 대학을 가니까 때에 맞추는 적금을 하나 넣었다가 아, 요 때 쓰자' 그렇게 해서 꾸준히 넣었던 적금도 있고…. 그렇게 하다 보니까….

우선은 아이들 여행 갈 때 보험금 나오잖아요. 그걸로 아빠도 생활을, 직업을 안 가지고 있는 상태에서 그걸 가지고 생활을 하면서, 세월호 참사를, 아이들 진상 규명을 위해서 싸우다가 어, 안 되겠다, 이렇게 하다가는 정말 죽도 밥도 안 되고… 둘 다, [나라도] 돈 벌러 가야겠다 그러면서 아빠가 작게라도 가게를 운영을 하고, 그리고 적금 만기 되고 이러는 거 있으면 그거 해지하고 찾아서 그걸로 또 생활을 하고. 그렇게 살면서 그게 다 무너지고….

그냥 뭐 잠을 못 자고 그러다 보니까 계속 밤에 쇼핑몰을 보고 이러면서…. 근데 돈이 없으니까 비싸고 이런 거는 못 사고, 그냥 어떻게든 저희가 다니면서 신발 같은 거 좀 따뜻한 거, 찾아야 되잖아요. 그러다 보면 어디가 더 싼가, 여기도 보고 저기도 보면서 '아, 이거 신발이 싸고 괜찮네' 그러면서 밤마다… 몇 명씩 어울려서 당직도 다니고 이렇게 하잖아요. 그러면서 광화문 같은 경우도 되게 춥잖아요. 그래서 다니면서 "어, 신발이 이게 괜찮더라" 이러면서 같이 나가시는 분들이 같이 보면서 "어, 이거 얼마밖에 안 해 (웃음). 어, 괜찮네". 그러면서 싼 걸로 또 구매를 해서 그렇게 다니고. 저희 활동복도 거의 인터넷 다 뒤져가지고 좀 더 싼 데 찾아가지고 그렇게 하고. 그러면서 밤 시간도 그렇게 보내는 거 같고, 그렇게 보내는 거 같아요.

돈의 값어치는 예전에는 그렇게 알뜰하게 어떻게든 아이들 위해서, 그리고 노후생활도 해야 되니까 아이들 거 따로, 노후생활 거 따로, 그 걱정을 다 하면서 살았는데 지금은 딱히 그런 게 없는 거 같아요.

면담자　　　일종의 생활의 규모, 그런 것들이 많이 무너지신 거네요.

경빈 엄마　　균형 자체가 아예 깨지면서….

면담자　　　죽음에 대한 태도도 좀 변하셨어요? 어때요?

경빈 엄마　　글쎄요. 아무래도 좀 그렇겠죠. 그냥 전에는 "야, 죽으면 저것들 어떡하지, 저것들 어떻게 키우지?" 그러면서 "야, 저 애들을 과연 우리 신랑이 잘 키울 수 있을까?" 이런 생각을 많이 하게 됐었거든요. 지금은 '그냥 죽어도 좋은 일을 많이 안 해서 과연 죽으면 내 아들을 만날 수 있을까? 그래도 죽으면 만나지 않을까?' 그런 생각을 많이 하는 거 같아요.

면담자　　　아, 전과 달리. 전에는 여기 땅에 딛고 사는 사람들

189

3회차

에 대한 걱정이었다면 이제는….

경빈 엄마   '만약에 내가 이렇게 해서 가면 남는 사람들은 과연
어떻게 할까?' 이런 생각, 저런 생각을 많이 둘러보게 되었는데, 지
금은 오히려 그런 생각을 많이 하죠. '가면 만날 수 있다, 그런 거'
근데 거리에 막 나서기 시작할 때는 솔직히 청운동도 그렇고… 저
희가 거리에서 피켓을 드는 일이 많잖아요. 그러면 '누군가 진짜 아
무 생각 없이 "아, 정말 저 노란색 꼴 보기 싫어, 저 피켓 든 거 정말
꼴 보기 싫어" 그러면서 직진으로 정말 나한테 달려들지 않을까' 이
런 생각. 그리고 달려들면, '아, 그래 그럼 죽어야지 뭐' 그러면서
나가서 피켓을 들고 그랬었는데. 그게 있었잖아요, 한참 저희가 막
무섭게 다닐 때 김기춘이가 나오고 그리고 정부가 개입이 되고 국
정원이 있고… 야, 지금은 뭐 "대통령까지도 있다"고 하니까. '우리
목숨은 파리 목숨이구나' 그러면서 싸우기 시작할 때부터 '아, 이렇
게 하다 보면 누군가의 공작으로 그냥 받고 올 수도 있구나' [하는
생각을 해요].

6
딸과 살아남은 식구들에게 남은 숙제들

면담자   현재 가장 걱정이 되거나 또 고민하는 점들이 있다
면… 어떤 것들이 있으세요?

경빈 엄마　　　그냥… 많죠, 많은데… 그냥 지금 안 풀리고 있는, 지금 현 상황도 조금 문제가 되고, 그리고 모든 게 정말 답답해요, 답답하고…. 지금 연루가 되어 있다는 사람들조차도 아무것도 못 하고 있는 상태이고…. 그리고 그냥 돈과 권력이 있기 때문에 저렇게 버티고 있다는 거 자체가 너무 화가 나고 그러는데. 그러니까 그걸 떠나서 지금 싸우고 있는 상태도 문제가 되고 있기는 한데…. 지금 남아 있는, 지금 제 사생활도 있잖아요. 제 가족 일도 있고, 그리고 저희 가족 일이라고 하는 거는 솔직히 저하고 신랑은 그닥 걱정은 안 되는데, 또 딸이 있잖아요. 그러다 보니까 고민이 많이 돼요. 그래서….

면담자　　　지금 이 활동을 해나가면서는 같이 보낼 수 있는 시간이 부족하다는 어려움도 있을 거 같아요.

경빈 엄마　　　근데 저희도 딸이다 보니까 엄마가 신경 써야 될 부분도 있잖아요. 근데 그거를 못 해주고 있고, 그러다 보니까…. 그래서 좀 그런 거 때문에 좀 힘들기는 해요, 진짜.

면담자　　　아, 그래요. 딸아이와의 관계에 있어서는 엄마가 함께 풀어야 될 것들이 있겠어요. 또 이제 중학생이 되면 초등학교 때와는 또 다른 단계이고, 또 새로운 변화들이 많을 텐데….

경빈 엄마　　　아휴, 지금… 교복을 지금 맞추러 가야 돼요. 아이 참… '아들 것도 교복을 하나 맞춰주자' 그렇게 하고 있었는데…. 너무 힘들어서 지금 그걸 못 맞춰주고 있었어요.

면담자   아들 거는 왜요?

경빈 엄마   수학여행 가면서 교복이 없어요. 그리고 그 [장례] 의식 중에 아이들 가져가서 입으라고 태워주는 그게 있잖아요. [수학여행에서] 가지고 오지도 못했는데, 갖고 있는 것마저 태워버리니까 없는 거예요. 그래서 '그래도 아이 거를 하나 좀 가지고 있어야 되지 않겠냐' 그 얘기를 하고 있었는데…. 그게 참 용기를 못 내고 안 하고 있다가, 교복을 맞추러 이제 딸내미랑 가야 되는데…. "언제 갈 거야? 언제 갈 거야?"라는 얘기를 자꾸 하고는 있는데, "가야지, 가야지". 근데 지금 졸업도 앞두고 있고… 하, 그렇게 해서 졸업이라든가 교복, 이런 모든 게 다 저희한테는 쉬운 게 아니네요.

면담자   그러네요. 딸아이가 중학교[를] 졸업하고 또 고등학교[에] 가고, 앞으로 그 단계 단계마다 이미 나눴던 추억들 또는 아들하고 나누지 못해서 마음 아픈 과정들이 끊임없이 이어지겠네요. 좀 가볍게 교복은 딸아이와 해결을 하셔요. 어떤 건 좀 가볍게 가야죠. 온전히 딸아이를 위해서 걸음을 하셔야지….

경빈 엄마   네. 가야 되는데 오늘 조금 일찍 오면… 오늘 원래 수요일이라서 원래 12시 조금 넘으면 끝나더라구요. 갈려고 그랬다가 오늘은 또 딸아이가 딴 데로 샜더라구요, 친구 집으로.

면담자   엄마가 시간을 내서 딸아이랑 한번 여유롭게 멋진 데이트를 좀 하셔요. 온전히 딸을 위해서 한번 움직여보시고. 음, 경빈이를 위한 몫의 외출은 남편하고 두 분이 의논하시고. 어떤 그런 구별도 좀 필요하죠. 또 애는 얘 몫의 축복이 있어야 하잖아요. 기쁨이 있어야 할 거 같기도 하고. 아휴 그러네요.

경빈 엄마   걔도 지금은 오로지 아빠는 ○○ 몫이니까(웃음). 다 들어주는 아빠니까.

면담자   앞으로 남은 삶에서 추구하고 싶은 것이 있다면 어떤 것이 있으세요?

경빈 엄마   글쎄요. 제가 살아가면서, 그냥 아이들 다 키우면 '좀 조용한 곳에 가서, 정말 그런 데 가서 시간적인 여유도 좀 즐기고 그러면서 살고 싶다'라는 그런 게 있었어요. 작은 주택 하나 있고, 농사를 짓고 이런 게 아니고…. 이런 작은 텃밭 하나 있고, 그런 데서 이렇게 조용하게 살고 싶었었는데…. 아직도 그게 없지는 않아요. 근데 지금은 솔직히 '가야 할 길이 너무 멀다'는 생각이 들어요. 그러다 보니까 이 갈 길이 더 바쁜 거예요. 갈 길이 더 바쁘고… '언젠가는 되겠지'라는 생각을 가지고 있는데, 그게 참 언제가 될지, 그게 참… 그러다 보니까 아직까지 그게 없어요.

그리고 그냥 뭐 이렇게 산이나 바다나 저는 다 좋아하거든요. 그래서 자갈이 굴러다니는 그런 바닷물이 철썩철썩 하는 데, 그런 데가 나오면 그냥 답답하니까… "아, 저런 데도 한번 가보고 싶다" 그러면 아빠가 옆에서 듣고 있다가 "나는 물이라 그러면 정말 싫어" 이런 얘기를 해요. 그래서 "아니, 나는 배를 타고 들어가는 걸 얘기하는 게 아니잖아", 근데 원래 내가 그렇게 물을 좋아했고, 그리고 낚시나 이런 거를 솔직히 아빠는 너무너무 싫어해요. 가만히 있고 그런 거를, 사색에 잠겨 있고 이런 거를 너무 싫어하기 때문에…. "아, 나는 정말 싫대요". 근데 이제 ○○도 그렇고 경빈이도 그렇고 낚시하는 걸 좋아해요. 그래서 이모랑 이모부랑 낚시도 하고, 산도 가고 바다[에] 가는 것도 좋아하고 이러다 보니까, 참 많이 다녔는데…. 가족들이 같이 가다 보니까. 게가 딸려 오고, 고기를 한 마리 잡아오고 이러면 더 좋아하는 거예요, 아빠가. 이게 뭐지? (웃음) 그랬더니, "기다리고 이러는 건 너무 싫은데, 이렇게 잡으면 괜찮지". 그러면서 다니기 시작했는데, 지금 그 사건 이후로는 너무너무 싫다는 이야기를 해요. 근데 그냥 뭐 아예 바뀌고 그렇지는 않았지만, 그냥 그럴 거 같아요. 바다가, 진도 앞 바다처럼 너무 까맣잖아요. 너무 까맣고 너무 차갑고 이러면 저는 너무 싫을 거 같아요. 근데 이제 맑고 깨끗한, 그런 거 있잖아요. 돌들이 굴러다니고, 그런 데 가서 그냥 이 소리, 소리 자체로다가 마음을 좀 풀고 그럴 수만 있다고 하면 그냥 가서 그렇게 있다 오고 싶기도 해요. 근데 시간적인 여유나 그런 게 아직 되지 않으니까.

그리고 세월호 참사 이후로 아이를 데리고 어디를 가본 적이 없어요. 간담회를 가거나 집회를 가거나 그런 거는 있었지만…. 그래서 '언제 한번 날을 잡아서 양해를 구하고, 한 2박 3일 동안 딸을 데리고 갔다 와야 되지 않을까' 그런 생각을 하고 있는데…. 그냥 솔직히, 저희 [유]가족들 중에는 [아이가] 외동이었던 그런 가족들이 많았어요. 그러다 보니까 이런 얘기하는 것도 되게 좀 그렇더라구

194
·
경빈 엄마 전인숙

요. 쉽게 얘기를 못 하겠고.

어제 같은 경우 영석이네랑 교복 얘기를 하게 되었어요. '하, 참, 얘랑 얘기를 해야 되는 게 맞나?' 이럴 정도로…. '이렇게 얘기를 하고 있는 애는 또 얼마나 아플까, 아휴…' 그래서 이제 '어, 알았어' 그리고 일찍 끊기는 했는데, 아휴 참…. 그러면서도 이제 눈물이 나는 거예요. 그래서 어휴 참… 아, 이게 정말 누가 세월호 참사를 꾸몄는지는 모르겠지만, 가족들한테 너무 큰 짐을 준 거 같아서, 정말 용서가 안 돼요, 용서가.

7
진상 규명 활동의 의미

면담자　　　　여태까지 활동을 해오신 진상 규명 활동은 경빈이 어머니에게 어떤 의미를 갖고 있나요?

경빈 엄마　　　　지금까지도 싸워왔고, 앞으로도 진상 규명을 위해서 싸울 텐데요. 저한테 그닥 그렇게 의미가 있지는 않은 거 같아요. 그냥 단지 너무 억울하고, 아무 이유 없이 당해야 했던 우리 아이들, 그 아이들을 위해서 진상 규명을 꼭 밝혀야겠다는 생각으로 하는 거기 때문에….

면담자　　　　진상 규명 활동에 대해서 전망은 어떻게 보세요?

경빈 엄마　　　　제 마음은 처음부터 끝까지 그냥, 모든 게 다 밝혀졌으면 좋겠어요. 그리고 거기에 연루된 모든 책임자들 다 처벌받았으면 좋겠어요. 처벌받고 그리고 다시는 진짜 국민 상대로 이런 참사, 이런 사고를 꾸밀 수 있는 생각조차 못 하게, 그거를 반드시 만들어야 된다고 저는 생각을 하거든요. 100퍼센트 밝혀지기를 원하고는 있는데…. 과연 정부를 상대로, 정부에서 100퍼센트를 밝혀줄까라는 생각을 해요. 그래서 '최대한 밝힐 수 있는 만큼 밝혀야겠다' 그래서 우리는 이게 정말 '밝혀질 때까지 끝까지 하겠다'라는 그런 걸[마음으로] 하고 있는데…. 물론 저희도 사람이잖아요. 부모이기 이전에 사람이에요. 그래서 이렇게 싸우면서도 '과연 밝혀질까? 과연 진상 규명을 해줄까?' 그런 두려움도 있어요. 근데 저희가 안 하면 안 되잖아요. 그 두려움 안고도 반드시 진상 규명해야 된다, 그런 마음 안고 저는 솔직히 가고 있거든요. 안 밝혀지겠다는 마음을 가지고 하면… '최대한 밝힐 수 있는 만큼 우리는 끌어낼 거다' 그런 마음을 가지고 저는 싸울 거예요. 음, 글쎄요. '100퍼센트가 아니더라도 우리가 끌어낼 수 있는 만큼 진상 규명을 할 수 있다' 그러면 그걸 끌어낼 수 있는 만큼은 끝까지 싸울 거라는 것만….

면담자　　　저는 부모님들하고 인터뷰하면서 항상 이 질문 속에서 저 스스로 생각하는 게, '이긴다'는 것을 알아야만 싸우는가? 때로는 사람이 정말 질 것을 알면서도 정말 싸울 수밖에 없을 때 결국 싸우는 거죠. 그래서 이 질문 던지면서 저 역시도 좀 힘이 들고, 저도 답을 스스로 계속 생각을 해보고 그러는 중이에요.

경빈 엄마   세월호 참사를 겪으면서 처음에 박근혜 대통령이 처음에 내려갔을 때, 그때 분명히 회의를 하고 있었고, 보고를 내렸다고 했었고, 분명히 그랬었거든요, 뉴스에서. '아, 이제 경빈이가 아니더라도 다른 아이들은 살 수가 있겠구나' 그런 생각을 했었어요.

면담자   아, 그때요? 경빈이는 너무 빨리 나왔다고 생각을 하고 있었고….

경빈 엄마   네. 그래서 '아, 진짜 부럽다' 막 이랬었는데…. 그러고 나서 안 되는 걸 알았잖아요. 안 되는 걸 느끼면서… 저희가 세월호 특별법을 만들었고, 특별법을 만들면서 분명히 '특별법을 만들면 뭐라도 되겠다' 그러면서 희망을 안고 가는 거예요. 그리고 됐을 때 너무 좋아했어요. '아, 이제 다 됐구나!' 근데 아무것도 안 됐잖아요. 시행령이 됐잖아요. 시행령까지도 '아, 이제 됐다, 우리가 이겼다. 반드시 되겠구나' 아, 정말 너무 좋았어요. 그때도 안 된 거예요.

근데 2014년이 지나고 2015년도가 된 거예요, 2015년도… 아, 제가 포기를 한 게 5월 1일, 2일 그때도 또 집회가 있었잖아요. 청운동 들어가는 그 집회를[에] 참여를 하면서 물대포를 맞아가면서… 그때 막 물대포 맞고 쓰러지신 분들, 다치신 분들 꽤 있었거든요. 그러면서 제가 정말 그 새까만 전투복, 전경 옷을 입은 경찰들이 왔었어요. 그러면서 아무 힘도 없이 정말 치는 대로 밀리고 그렇게 했을 때, 그때 '아, 이제는 되어야지만 되는구나. 되어봐야 지만 되는구나' 그러면서 저는 느꼈거든요. 그러면서 제가 너무 긍 정적으로 살아왔던 삶이 그때부터 완전히 바뀌었던 거예요. '아, 이 게 내가 바라는 대로 모든 게 이루어지는 게 아니구나' 그리고 정말 '싸운다고 해서 모든 게 다 될 거 같지 않구나' 그리고 죽을 둥 살 둥 싸워야 될까 말까, 막 이런 거까지도…. 제가 그때는 정말, 이 나라의 인권이라는 거는 '야, 바닥에 굴러다니는 것조차도 안 된다' 라는 걸 그때 느낀 거예요.

　그러면서 정말 광화문에서 저희가 1박 2일 농성 끝나고 내려올 때, 광화문에 모여서 저희들 다 모여서 얘기도 하고 그러고 내려올 때, 정말 거기서 제가 펑펑 울었어요. 그렇게 운 적이 없는데…. 그 리고 지금도 그렇고…. 지금 제가 가는 그 길에서 내가 아직까지 '진상 규명될 때까지는 정말 그렇게 울지 말자. 그리고 나중에 진상 규명되고 아이들 억울함이 풀어졌을 때 그때 마음 놓고 정말 시냇 물이 모여서 강물이 되고 그런 얘기 있잖아요. 정말 그때까지 싸우 던 우리가, 그때 가서 정말 펑펑 울어서 정말 시냇물이 강물이 될 정도로 울어보자' 그런 기조로 가고 있었는데…. 그때는 진짜 너무 펑펑 울었어요. 그러면서 다 내려놨어요. 내려놓고… '아, 이게 정 말 처음부터 끝까지 다 바뀌어야 된다'는 거를 그때 느낀 거예요. 바뀌어야 될 게 너무 많고, 그리고 밖에 나가서 그 정말 힘들어하시 는 분들, 피해자들 나와서 다 싸우는 것을 보니까. 어휴, 내가 알고 있던 게 다가 아닌 거예요. '아, 이게 내가 살던 게 다가 아니었구나 그러면서, 아, 싸워나가면서 하나씩 하나씩 바꾸어 나가야지만 그때부터 바뀌는 거구나'. 그러면서 그게[마음의 변화가] 있었던 거였죠. 정말 품고 있던 희망이, 아마 그때부터, 그날 이후로 정말 싹 다 날아갔던 거 같아요.

그리고 그때부터 '그래, 물대포 쏘려면 쏴봐라, 니가 이기나 내가 이기나 한번 해보자' 냄새나고 정말 역겹고 정말 창자까지도 정말 다 쓸어 올라올 정도로 역겹더라구요, 메스껍고…. 근데 '해봐라. 그래 어디 너네가 그렇게 해가지고 우리를 이길 수 있나. 부모니까 아이들을 생각하는 부모를 너네가 이길 수 있나 한번 해봐라' 그러면서 이를 악물고, 그러면서 물대포를 맞고 그랬던 거 같아요.

면담자　　　희망을 잃고 오기를 품게 된 거네요.

경빈 엄마　　　맞아요. 지금 박주민 의원이 되어서 지금 국회 가서 열심히 싸우고 계시잖아요. 근데 제가 정치에 관심이 있다거나 정치인을 좋아했다거나 그런 거는 없었어요. 근데 미워하는 사람도 없었어요. 단지 정치인이 되거나 대통령이 되거나 이런 사람들은 국민이 뽑은 사람들이잖아요. '국민이 뽑았기 때문에 뽑히면 최선을 다해서 일을 하겠구나' 그렇게만 생각을 하고 살았던 사람이었는데… 싫어요, 이제. 너무너무 싫어요.

그리고 물론 박주민 의원이, 그때는 변호사였을 때, 선거운동을 했잖아요. 도라에몽 탈을 제가 썼어요. 그때는 제가 티를 입고 갔었어요. 근데 노랑색은 정의당이어서 안 된대요. 더불어가 파랑색이었잖아요. 그걸 빌려 입으려고 했더니 선거법 위반이래요. 선거 운동 하는 사람들 외에는 입으면 안 된다 그러더라구요. 그래서 어쩔 수 없이 도라에몽을 입었어요. 입었는데, 그때 제가 몸이 너무 아픈 날이었어요. 그래서 약을 먹고 갔는데, 약을 먹고 가도 가라앉지가 않아서 조금 있다가, 막 다니다가도 그 약을 먹어야 하니까. 또 그 옷을 누가 가지고 있잖아요. 약을 찾아가지고 약 달라 그러면 누가 가져다줬는데…. 마지막에 영석이 아빠가 약을 가지고 왔어요. 근데 탈을 쓰고 있으니까 "약을 먹여주겠대"요. "알았다"고, 그래서 입에다 턱 털어 넣었는데, 약을 먹는 건지 담배를 먹는 건지…. 담배 냄새가 너무 나는 거예요. 그래서 '우에엑' 그러면서 약을 먹었는데… 그러면서 화장실 갔다가 휴대폰도 막 변기에 빠뜨리고 막 그러면서…. 아휴, 제가 나오면서 부모님들이 같이 계셨잖아요. '내가 진짜 박주민 의원님, 박주민 변호사 의원만 안 돼봐라, 내가 가만히 안 있을 거야' 이럴 정도로. 너무 힘들게 그날을 보낸 거예요. 지금은 이렇게 웃어가면서 얘기를 하지만….

잠은 지금도 못 자기는 하는데… 밤새 그걸[개표 방송] 본 거예요. '아, 다행이다! 됐구나' 아휴, 정말 그런 적도 있었다니까요. 그래서 참….

면담자   지금은 정치인이 된 박주민에 대해 어떻게 생각하세요?

경빈 엄마   그래서 그분을 미워해야 할까요? 좋아해야 할까요?

그냥 지금은 저희가 '박주민 의원 됐다' 그래서, 물론 그때도 이미 저희는 이미 이 사회에 대해서 조금 알았잖아요. 그래서 '박주민[이] 의원이 되어서 모든 게 다 바뀔 거야' 이런 걸 생각한 게 아니고 '의원이 됐다 그래서 혼자 힘들면 안 되는데, 혼자 저렇게 힘든 게 아니고, 주위에 다른 분들도 같이 이렇게 좀 도움을 주셔야 될 텐데' 그 걱정이 좀 앞서는 거예요.

면담자   초선이긴 하지만 힘들어도 잘 가고 계신 거 같기도 해요.

경빈 엄마   맞아요. 그래서 지금 그냥 국민들도 그렇고 모두들 서로 그렇게 안 좋아하잖아요. 그리고 우리가 국회에서 당파 싸움하고, 당끼리 싸우라고 뽑은 건 아니잖아요. 같이 힘 합쳐서 국가를 보살피라고, 국민들 보살피라고 그렇게 했던 사람들이잖아요. 그래서 그냥 어느 당, 어느 당을 떠나서 같이 힘을 합쳐서 같이 일을 했으면 좋겠는데….

면담자   그거는 긍정적인 경빈이 어머니의 생각이고, 민주주의는 본래 싸우는 거예요. 경빈이 어머니가 이 세태 속에서 많이 달라졌다 하는데도, 그 맨 밑바닥에는 여전히 그래도 세상이 조금 편안하고 같이 힘을 모아서 갈등 없이 살고 싶다 하는 그 소망이 남아 있으신 거 같아요. 근데 민주주의는 분열하고 싸우고, 끊임없이 말하고 그렇게 가는 거예요(웃음).

경빈 엄마   그래서 그게 맞는 건데, 저의 바람은 저처럼 이렇게 정치인을 싫어하는 사람들이 많아졌을 거라 생각해요. 그렇기 때문에….

면담자   오히려 시민들의 그런 정치적 환멸을 이용하는 집단들이 있잖아요.

경빈 엄마   맞아요. 그래서 그냥 더 열심히들 모든 정치인들이 각자의 역할에 충실하게 각자의 일을 하면서 깨졌던 국민들의 신뢰나 이런 거를 다시 또 끌어올려 줬으면 하는 바람이 있어요.

8
엄마 아들 경빈이

면담자   어느새 마지막 질문인데, 마지막 질문이 너무 마음이 아프네요. 지금 2년 10개월, 이제 3주기가 얼마 남지 않았잖아요. 지금 경빈이를 떠올리면 어떤 생각이 드시는지, 그리고 경빈이는 엄마에게 어떤 의미인지….

경빈 엄마   그냥 희망이었었다고 보면 맞을 거 같아요. 그리고 3주기를 자꾸 얘기를 하시는데 이게 1주기, 2주기, 3주기는 우리 아이들이 올라온 날이에요. (면담자 : 그렇죠, 그렇죠) 그래서 어, 나오기가 싫어요. 그날만큼은 정말 그 모든 걸 받아들이고 나와서 활동을 하고 해야 되는데, 그게 너무 싫은 거예요. 그리고 이제 하, 참, 글쎄요. 떠올리면 그냥 늘 엄마를 빤히 바라보는 그 표정이 있

경빈 엄마 전인숙

어요. 그래서 생각을 하면 그 얼굴이 먼저 생각이 나는데…. 그냥 모든, 그[러]니까 저도 그렇겠지만 모든 분들이 아이 생각을 하라 그러면 우선은 다 그렇게 눈물을 흘리지 않을까 생각을 해요. 그래서 늘 예전에 제가 그렇게 힘들게 살아왔던, 그리고 내가 하고 싶었던 걸…. 정말 저희는 가족이 많다 보니까 제대로 내가 하고 싶은 걸 제대로 하거나 먹거나 이런 집이 아니에요. 그러다 보니까 적어도 아이들이 하고 싶고 먹고 싶고 이런 거는 다 제대로 해주고 싶은 그 마음이 있었거든요. 그래서 늘 하는 얘기가 "하고 싶은 거 다 해라. 엄마, 아빠가 그거 하나 못 해주겠냐?" 늘 해라 해라 그렇게 늘 얘기를 해왔었는데…. 초등학교 때부터 "태권도랑 공부는 하고 싶다"고 그래서 늘 해왔다가 이제, 이제 가면 갈수록 아이가 바뀌잖아요. 그러면서 중학교 3학년이 되니까 뭐도 배우고 싶어요, 뭐도 배우고 싶어요, 그러면서…. 수학여행 가기 전에는 "기타도 배우고 싶고 그리고 노래도 배우고 싶고…" [그래서] "다 해라" [그랬죠].

학교 갔다 오고 이러면 우리 친구 중에는 중근이 얘기를 한 번 한 거예요. 그래서 기억이 남는데… 중근이 얘기를 하면서 "우리 반에 내가 아는 중근이도 있어요. 성이 뭔지 알아요?", "설마 안씨는 아니겠지?", "안씨예요". 그러는 거예요. "어?" 그랬어요(웃음). 그러면서, "헐" 그러면서 같이 웃고도 그랬었는데… "엄마 조금 있으면 나 면허증도 딸 수 있어요", "어, 근데 막 설레요. 근데 군대도 갈 수 있어요, 조금 있으면…" 그러면서 막 설렌다는 표현을 하고 그랬었거든요.

면담자　　　　아, 앞으로 자기가 할 수 있고 해야 할 일들에 대

해서?

경빈 엄마　　　네. 그래서 "그러냐? 니가 하고 싶은 건 뭔데?" 그러

면 하고 싶은 게 갑자기 처음엔 "없다"고 그러더니, 노래도 하고 싶

고 기타도 하고 싶고…. 근데, 애기 때부터 이렇게 누가 피아노 같

은 거 주잖아요. 몇 권만 해서 주면 그걸 또 치면서 음을 따라 하고

그런 게 있었어요. 해볼래? 그러면 안 한대요. 자기는 "태권도만 한

다"고. 근데 어딘가에서 처음부터 이렇게 막 그, 뭐라 그러죠? 낯을

가리잖아요. 근데 적응이 되면 또 잘해요. 근데 그 처음 그 고비가

그게 힘들어서 좀 그런 거 같아요. 음, 그런 거를 알고 있어서 태권

도도 이제 무작정 데리고 가서 관장님하고 소개가 되면서 나중에

는 이제 그 "태권도만 하겠다"고 이렇게 되는데….

　　와동초등학교로 전학을 갔어요, 4학년 때…. 근데 전학을 갔는

데 앞에 이제 "벌레가 가고 있다"고, 근데 그 뒤에… 첫날이잖아요.

그 친구가 누군지를 모르잖아요. 그랬더니 '야, 비켜' 아니면 '벌레

가 있어' 그런 것도 아니다 보니까 애를 밀친 거예요. 이렇게 밀쳐

가지고 애가 이제 싸울려고 막 다가오니까 "어, 잠깐만, 잠깐만…"

그러면서 잡으면서 "너 친구한테 왜 그래" 그랬더니. 저도 몰랐었

거든요. 그랬더니 이렇게 보면서 "밟을까 봐 그랬다"고 그러는 거

예요. 그래서 "어, 친구야 미안해. 니가 이 벌레를 밟을까 봐 그래

서 얘가 그냥 순간 행동으로 먼저 이렇게 밀쳤대" 그래서 [경빈이에

게] "미안하다고는 이야기해야 돼" 그랬더니 서로 미안하다고 그러

고 오는 경우가 있었거든요.

초등학교 들어가기 전에 서너 살 때부터 수돗물을 보고, "근데 이 수돗물은 왜 소리가 날까요?" 이모한테 그랬다고 하더라구요, 이모 집에[서] 있을 때…. 그래서 그 얘기를 하면서 "근데 왜 물소리가 슬플까요?" 그런 얘기를 해가면서…. 자동차 바퀴 이렇게 휠 같은 거 있잖아요. 바퀴에 관심이 굉장히 많은 거예요. 그래서 어딜 갈 때 꼭 바퀴를 보고 다니면서 좀 큰 바퀴나 특이한 바퀴가 나오면, "우와", 이러면서 엄마 바퀴 보라고, 그러면서 바퀴를…… "바퀴잖아", "오, 되게 멋있잖아요" 그러고 다니고…. 차 이름도 많이 알 정도로, 저거 무슨 차고, 저거 무슨 차고 그렇게 하고 다니고. 그리고 학교를 가거나 이럴 때도 그냥 안 가고, 주위에 있는 거 다 보면서 꽃도 한번 만져보고 다니고…. 그래서 적어도 제가 못 해봤던 게 너무 많다 보니까 [경빈이가] 하고 싶은 건 다 해주고 싶었던… 그랬었는데, 하.

그래서 그냥 어느 순간에, 이렇게 광화문을 가거나 이랬을 때 군인들이 분향소에 들어와서 인사를 하고 이러면, 아휴, 참아야지 참아야지 하는데 눈물이 막 나요. [그 모습만 봐도] 그렇게 전에 얘기하고 이랬던 게 생각이 나고 그러는데. 그리고 덜렁덜렁대는 거 같은데도 동생도 잘 챙겨주고…. 그리고 엄마, 아빠가 얘기하는 거에 대해서 많이 챙겨주고, 그리고 할머니, 할아버지, 그리고 오히려 이모, 이모부도 '엄마, 아빠' 막 그렇게 할[부를] 정도로. 그래서 이제 이모부가 이거는 확실히 가르쳐야 한다 그래서, 나는 니 아빠가 아니라고 그랬더니 왜 아빠가 아니냐고…. 그러니까 전에 맞벌이 할 때 이모 집에 잠깐 있었잖아요. 애기 때, 막 말 배우면서 막 "아빠, 아빠" 하니까, "나는 이모부야" 그랬더니 막 울면서 "왜 아빠가 아니냐?"고 그러면서[그래서] 애기를 해준 거예요. "야, 니네 아빠, 엄마 오잖아. 그게 진짜 너네 아빠, 엄마야" 그래도 거기도 아빠, 엄마고, 여기도 아빠, 엄마라고 그러면서…. 나는 집에 갈 거라고, 가라고(웃음) 그러면서 이모부랑 막 그러면서 어린 시절을 보내고 그랬는데.

면담자　　경빈이 때문에 이모, 이모부도 많이 마음 아파하셨겠네요.

경빈 엄마　　네. 그래서 참, 그때 이모부도 막 울거나 막 어딜 뛰거나 그렇게 하시는 분이 아니에요. 오히려 정말 우리가 "야, 정말 옛날에 양반이었을 거 같아" 이럴 정도로…. 근데, 딱 한 번 그, 조카가 차가 서지도 않았는데 발을 내리는 바람에 소리를 질렀었는데…, 그때 다친 줄 알고. 딱 한 번 본 거예요, 뛰는 걸…… '아, 애들을 위해서는 뛰시는구나' 그랬었거든요. 근데 그때 내려오셔서, 그때 처음으로 우시는 걸 본 거예요. 그래 가지고 아휴, 참, 그래서…….

　늘 같이 살면서도 "너, 너 이 시키야. 너 크면 이모, 이모부도 용돈 줘야 돼", 그러니까 "어휴, 걱정하지 마세요" 그러면서 컸던 애라. 그리고 "내가 아빠, 엄마한테 건물을 사줄 거라"고 그러면[서]

경빈 엄마 전인숙

"이모, 거기에다가 상가 하나 얻어서 세 내지 말고 거기서 장사하시라"고. 그렇게까지 막 얘기를 하고, 비행기도 사준다 그러고. 그래 가지고 "야, 큰일 났다, 니가 못 하면 아빠, 엄마가 해야 될 거 아니야. 아이 큰일 났네, 그 돈 벌라면" 그러면서 막 웃고 넘어갈 때도 있었고. 주말에 산에 올라갔다가 낚시도 가고, 매일 같이 다닌 거예요. 이모, 이모부 그리고 저희랑 해서 매일 같이 다니다 보니까. 고등학교 때도 이모 집에서 "야, 와서 자라" 그러면 "알겠어요" 그러고 가면 중간에 턱 가서 누워서 잘 정도로(웃음).

아, 그래서 지금은 하고 싶다 그랬던 거를 '그냥 조금이라도 먼저 하고 싶은 마음이 생겨서 하고 갔으면, 할 수 있었으면 얼마나 좋았을까'라는 거, 그게 늘 남아 있는 거 같아요. 그리고 늘 보면, 막 살갑거나 다정다감하거나 그런 표현을 잘 못 해요. 그래서 그냥 뽀뽀하거나 안아주거나 그런 거는 해봤는데, 막, '아들 사랑해' 그런 것도 많이 하지는 않았지만 하, '많이 했을[해줄]걸, 많이 했을[해줄]걸' 그런 것도, 그런 것도 많이 남아 있고…. 그 못 해줬던 게 많이 남아 있죠.

면담자   제가 어머니 처음 만났을 때, EBS에서 한 친구가 경빈이에 대해서 했던 말을 인상 깊게 들었다고 말씀드렸죠? 뭐라고 했냐면, "친구들한테 정말 사랑을 굉장히 많이 받고, 또 경빈이도 친구들을 너무너무 좋아하고 그래서…. 그런 아이를 생각해 보세요. 그런 아이가 바로 경빈이예요" 이렇게 얘기를 했어요.

경빈 엄마   네. 그니까. 정말 친구들을 너무 좋아해 가지고…. 근데 늘 얘기를 한 게 뭐냐면, 얘기를 하잖아요. "엄마, 생파[생일 파티] 갈 거예요. 자고 가면 안 돼요?" 늘 얘기를 하는 게 "6시 딱 되면 거기 집도 이제 저녁을 먹어야 되고 하는데, 너로 인해서 신경을 써야 되고 막 이런 게 있기 때문에 그분들한테 실례가 되는 거다. 그러니까 6시까지 딱 놀고 그리고 집으로 와라" 그렇게 하면 "네" 그러면 그 시간 맞춰서 집으로 오고, 그리고 "엄마 여기서 자고 가면 안 돼요?" 그런 얘기를 해요. 그러면 "노는 건 밖에 나가서 노는데 잠은 집에 와서 자야 되는 게 맞는 [거]야" 이렇게 얘기를 해요. 그러면 "아, 알겠다"고 놀고서 또 집으로 와요. 근데 지금 그게 아휴 참, 좀 둘걸, 자게 좀 둘걸, 아휴….

면담자   지금까지 인터뷰 질문, 저희가 마련한 질문 다 드렸어요. 혹시 1, 2, 3차 인터뷰에서 하고 싶은 이야기가 있었지만 미처 하지 못하신 이야기나 또는 덧붙이고 싶은 이야기가 있으면 해 주세요.

경빈 엄마   제가 무슨 얘기를 했는지도 모르겠고, 그리고 늘 아이한테는 못 해준 것만 생각나고 늘 미안하고. 그리고 만약에 이게 정말 저희는 정말 사건이라고, 참사라고 봐요. 이 아이들의 꿈이 정말 어마무지하게, 엄청 많았잖아요. 그 꿈을 펼치지도 못하게 하고 이렇게 지금 접게 했다는 그 자체로 용서가 너무 안 되는 거예요. 그래서 용서할 수도 없고, 반드시 이 하나하나가 중요한 게 아니고 모두가 다 중요한 저기여서[것이어서]…. 그 모든 아이들의 진상 규명을 하기 위해서는 끝까지 저희가 이 악물고 가야 될 거 같아요. 그리고 제가 보는 그런 아이들은 물론 경빈이 또한 그랬거든요. 축구파가 따로 있고, 농구파가 있고, PC방이 따로 있고, 공부하는 팀이 있고, 도서관 가는 팀 있잖아요. 팀이 다 있더라구요. 그럴 정도로 친구들을 굉장히 좋아하고, 그리고 지네들이 좋아하는 거를 하기 위해서 따로 시간을 내서 지네들이 다 알아서 할 만큼…. 부모님들이 힘들어하면 본인들이 알아서 알바를 하면서 "걱정 말아요, 걱정 마세요" 이런 얘기를 하는 그런 친구들이었는데…. 아휴, 그냥, 드물 거 같아요. 어른들한테, '걱정 마세요. 저희가 다 알아서 해드릴게요. 저희가 다 알아서 할게요' 이렇게 얘기하는 아이들이 없을 거 같아요. 근데 그렇게 착하고 순수했던 애들을 하나도 아니고 250명의 아이들을 다 데리고 간 거잖아요. 그래서 우리는 반드시 끝까지 이걸 부모로서 밝혀나가야 될 거 같아요.

면담자　　말씀하신 대로 아이들의 펼치지 못한 꿈의 무게를 생각해서라도 '진상 규명을 위한 싸움도 그렇고, 이런 증언 작업도 중요하다'고 생각해요. 경빈이 어머니 입장에서는 증언 작업도 그 일환으로 해주신 거구요. 이렇게 긴 시간 내주시고 또 귀한 말씀해주셔서 감사드립니다. 저희가 귀한 자료로 잘 활용하도록 하겠습니다. 수고 많이 하셨습니다.

경빈 엄마　　네, 고생하셨습니다.

4·16구술증언록 단원고 2학년 4반 제11권

그날을 말하다 경빈 엄마 전인숙

ⓒ 4·16기억저장소, 2019

기획 편집 4·16기억저장소 ㅣ **지원 협조** (사)4·16세월호참사가족협의회
펴낸이 김종수 ㅣ **펴낸곳** 한울엠플러스(주)
초판 1쇄 인쇄 2019년 4월 1일 ㅣ **초판 1쇄 발행** 2019년 4월 16일
주소 10881 경기도 파주시 광인사길 153 한울시소빌딩 3층
전화 031-955-0655 ㅣ **팩스** 031-955-0656 ㅣ **홈페이지** www.hanulmplus.kr
등록번호 제406-2015-000143호

Printed in Korea.
ISBN 978-89-460-6734-9 04300
        978-89-460-6700-4 (세트)
* 책값은 겉표지에 표시되어 있습니다.